U0475572

▲ 李燕杰教授

▲ 李燕杰教授和夫人齐绍华老师

李燕杰教授和巨海集团董事长成杰先生

李燕杰教授参加巨海集团六周年庆典展示书法

李燕杰教授授予成杰：爱国教育成就勋章、"中国梦"演讲艺术勋章

▲ 南怀瑾和李燕杰教授 　　　　　　　▲ 文怀沙和李燕杰教授

▲ 冰心和李燕杰教授 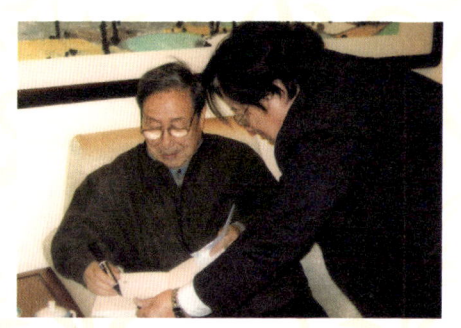　　　　　　　　▲ 贺敬之和李燕杰教授

▲ 舒同和李燕杰教授 　　　　　　　　▲ 张岱年和李燕杰教授

艾青夫妇和李燕杰教授

姚雪垠和李燕杰教授

曹禺和李燕杰教授

牛满江等和李燕杰教授

航天英雄杨利伟和李燕杰夫妇

学诚法师和李燕杰教授

西昌市巨海李燕杰希望小学剪彩仪式

西昌市巨海李燕杰希望小学剪彩仪式

西昌市巨海李燕杰希望小学

落成剪彩仪式视频

李燕杰
谈演讲艺术

成 杰 ◎ 著

四川人民出版社

时代光华
Times Bright CreSuccess

图书在版编目（CIP）数据

李燕杰谈演讲艺术/成杰著.—成都：四川人民出版社，2017.5
ISBN 978-7-220-10069-7

Ⅰ.①李… Ⅱ.①成… Ⅲ.①演讲—语言艺术—通俗读物 Ⅳ.① H019-49

中国版本图书馆 CIP 数据核字（2017）第 051295 号

LIYANJIE TAN YANJIANG YISHU
李燕杰谈演讲艺术

成杰　著

责任编辑	王　茴　薛玉茹
特约编辑	赵　洋
封面设计	回归线视觉传达
版式设计	冉　冉
责任印制	张　辉
出版发行	四川人民出版社（成都槐树街2号）
网　　址	http://www.scpph.com
E-mail	scrmcbs@sina.com
新浪微博	@四川人民出版社
微信公众号	四川人民出版社
发行部业务电话	（028）86259624　86259453
防盗版举报电话	（028）86259624
照　　排	冉　冉
印　　刷	北京市平谷区早立印刷厂
成品尺寸	145mm×210mm
印　　张	7.25
插　　页	10
字　　数	145千字
版　　次	2017年5月第1版
印　　次	2017年5月第1次印刷
书　　号	ISBN 978-7-220-10069-7
定　　价	39.80元

■版权所有·侵权必究
本书若出现印装质量问题，请与我社发行部联系调换
电话：（028）86259453

序一

演讲是科学，更是艺术。演讲是哲学，更是美学。演讲不仅需要口才，更需要智慧。总而言之，没有智慧就没有演讲，演讲让你彻底了解语言的魅力。摆在各位面前的是一本关于学习演讲的书，但它又不是一本简单介绍演讲艺术与演讲方法的书，这是一本理论联系实际的书，是我与成杰两代人合作共同完成的书。我是一个86岁的老人，是"文革"后走上演讲讲台的第一人，迄今为止走过880多个城市，演讲6000多场。成杰是一位30多岁的年轻人，创办了巨海集团，已经有13年的演讲经验，是大家公认的后起之星。

我们二人的结合，不仅全面地介绍了两代演讲家的实践经验，而且讲得十分具体、十分生动，很值得一读。凡是看过初稿的人都认为，这是两代演讲家演讲艺术的结晶。如果你读这本书是为了学习演讲，我坚信这本书一定会使你满意，并让你从中学到许多演讲理论及演讲智慧。

我生在国学之家，又曾在大学讲中国文学史、中国文化史、中国图书史。我认真讲过这"三史"，在教学中仔细研究过司马迁及《史记》，我在研究中深深懂得司马迁是伟大的，他的《史记》也是十分伟大的。他的这部《史记》被鲁迅先生称为"史家之绝唱，无韵之离骚"。

鲁迅先生给《史记》这么高的评价，我是举双手赞成的，因为这本书我讲了十几遍，《史记》中的史实给我留下了很深的印象。

除《史记》外还有《资治通鉴》，以及廿五史中的其他若干论述，我都铭记于心。

从这些史书中，我发现一个十分重要的规律：讲政治时特别是讲到乱世时，总会出现一批论述文化创新的文学家，或者善于演讲的大学者、圣贤，如孔子、孟子等。

讲到教育事业，我们发现自古以来凡是书院、学苑的掌门人，都是演讲家，如朱熹。

讲到经济改革、经济变迁，以及商道、商帮、商圣时，也会出现一大批演讲家，如子贡、范蠡。

当我们讲到军事家时，历朝历代的高级将领，在各种战略行动中，也会表现出卓越的演讲才能，如孙膑、吴起。

又比如物质文明发生变化时，出现一些科研、科技创造时，也会出现一批演讲家，如墨子。

总之，从中国历史上观察，凡大变革都会出现演讲家，真的是"一人之辩重于九鼎之宝，三寸之舌强于百万雄师"，"口能言之，身能行之，国宝也"。

讲到这里，可得出一个十分重要的结论：演讲与著述，一个讲、一个写都十分重要。古代长期进行科举考试，重写不重讲，有时甚至还在贬低演讲的作用，在历史著述中还没有一部专门介绍演讲推动社会前进的书，这无疑是一大遗憾。目前已出版关于演讲的书，往往是在讲一些演讲技巧，很少有人从推动历史前进的高度研究演讲史，我们这本书着力研究演讲如何为今日政治服务，为推进社会改革效力。我们在平日演讲中，从来不是为演讲而演讲。以我为例，正因为我从思想上重视演讲对人和史的推动作用，所以我研究演讲时，从来没有只关注技巧，而是从社会前进、造福人类、提高人的智慧的角度去演讲。

有人说我的演讲家头衔掩盖了教育家头衔，教育家头衔掩盖了文学家头衔，文学家头衔掩盖了国学家头衔……其中虽多有溢美之意，但也有人讲李燕杰、成杰的演讲，绝不是脱离政治、经济、文化、军事的雕虫小技，他们是以天下为己任者，全面讲究修、齐、治、平，为形成铸魂育才系统工程而竭尽心力。

我与成杰的幼年，都遭遇过贫困与不幸，今日又有通过演讲实现教育兴国的共同理想，所以在相识之后相知，形成一老一小的独特组合。为此，希望读者通过研究演讲的方法与艺术，看到我们为国、为民铸魂治世的理想。

今后，我们从事铸魂教育系统工程的人，要继续把新时代的演讲事业推向新高潮，要以大胸怀、大视野、大智慧，为人类的进步做出贡献。

最后，送给各位读者九句箴言：

非德高，不能入圣哲；

非智慧，不能启高远；

非学养，不能致深邃；

非广识，不能成博大；

非勤奋，不能达隽永；

非情真，不能动人心；

非艺美，不能增魅力；

非炼字，不能出华彩；

非坚毅，不能成韧长。

李燕杰

共和国演讲教育艺术家

巨海集团首席顾问

2016 年 7 月 18 日

序二

大学时，我第一次听到燕杰恩师的演讲，殊胜大缘。当时我坐在阶梯教室，一位老师播放了恩师的演讲视频，通过录像我感受到恩师纵横捭阖、激情跌宕的演讲。于我内心冲击之大，波澜壮阔。我第一次感受到，一个人可以那么潇洒、那么从容、那么博爱、那么绽放！

我记得恩师在一段演讲中说：一个美国女大学生恳请老师把中国的"爱"字写在她的胸前，因为她被老师所说的中国大爱深深地感动和折服。老师说，"爱"不能写在胸前，但可以写在背后。于是老师在她背后用笔写了一个大大的"爱"字，扬我华夏千年仁爱之文明。这个妙趣横生、跃然纸上的场景，我是闻所未闻，这让我见识到老师的真性情和大风范！

在恩师的影响下，我报名参加了学院的演讲比赛。正是那一次的演讲比赛，让我在若干年后走上了演讲的道路，从此改变了我人生的格局。

工作几年之后，在南京江苏饭店的大礼堂，再次听到恩师的演讲。这一次老师写了很多条幅，文采飞扬，他说："人生就是一动一静、一文一武、一呼一吸。"恩师的思辨、博学、深邃更加开阔了我的眼界，让我感悟千年璀璨之文明，尽在霎那之演讲。

多年之后，我有幸能拜入恩师门下，成为恩师嫡传的第18位弟子。在拜师的那一天，我说："老师，我一定会以'为天地立心、为生民立命、为往圣继绝学、为万世开太平'为人生的目标。"恩师慈祥地看着我说："我这一生就是为这句话而活，也希望你能够用这句话来勉励自己，做一番无悔于人生的惊天动地的教育事业。"

那一瞬间，我的心被彻底地融化了，泪流满面！我的生命应当这样度过：每当我有懈怠之心的时候，就要想起叩拜在恩师面前所许下的心愿，不敢有丝毫之懈怠。

恩师已经是86岁的高龄了，却还在祖国的大江南北奔走演讲，祈福恩师健康长寿！

生命如此短暂，人生如此美好。感恩在冥冥之中与恩师结缘，让我能传承恩师的大爱、大智、大愿，点亮世界。

刘育良
巨海教育集团副总裁

前言
演讲创造奇迹

为什么公众演讲如此重要?

学习改变命运,演讲创造奇迹!

从我国历史上看,毛遂自荐,救赵于危难之际;晏子使楚,不卑不亢,维护国家尊严;墨翟陈辞,止楚攻宋。诸葛亮的"隆中对策",奠定了天下三足鼎立的局面,他的"舌战群儒"更是力挽狂澜于既倒的宏论雄辩。人类的每次进步,都离不开语言开路。演讲对一个国家、一个民族、一个组织、一个企业、一个团队、一个家庭都可以起到积极的推动作用。公众演讲能传播智慧、创造奇迹、化解矛盾、缔造和谐……

当今社会,公众演讲应成为每个人的必修课程。无论你从事什么工作,都需要沟通,如对同事、客户讲话,适当的表达都是必不可少的。

为什么下属难以服从?为什么上司永不满意?为什么客户总是很难缠?为什么同事总是跟自己过不去?问

题很可能就出在你公众演讲的能力上。

在生活中，经营幸福、维系人际关系都离不开沟通。为什么孩子不服管教？为什么老公就是不听劝？为什么妻子总是习惯和自己对着干？为什么与朋友越来越疏远？为什么好心总是得不到好报？……问题往往出在你的公众演讲能力上。

一个人沟通、演讲、说服、谈判、营销的能力直接影响到他事业的成就和生活的品质！

公众演讲能力既然如此重要，那么我们应该如何突破语言障碍，提升演讲能力呢？

牛顿说："如果我比别人看得更远，那是因为我站在巨人的肩膀上。"我在巨海集团"演讲智慧"研讨会中分享过：一个人的命运取决于他所遇到的人、看过的书、上过的课、交往的朋友。一个人看"巨人"的著作，听"巨人"的经验分享，与"巨人"交朋友是这个人快速成长、成熟和成功的关键。

目前在中国的演讲界，大师、专家、名人有很多。在这些人中，有一个人算得上是他们中的翘楚。他就是共和国演讲教育艺术家——李燕杰，从政界人士到青年学生，从企业家到娱乐明星，很多人都是他的粉丝。

李燕杰的足迹几乎踏遍"地球村"，凯旋门、卢浮宫、哈佛大学、牛津大学、剑桥大学……

自1977年登上演讲舞台，他的演讲专题多达600多个，到过880多个城市，在国外300多个城市发表过公众演讲，演讲共计6000多场。这些数字，目前无人企及。

李燕杰既是演讲大师，又是心灵导师。他被誉为中国走向世界演讲的第一人。

李燕杰创造了这样一个奇迹，他的演讲——没有一场重复，没有一场失败，没有一场不受欢迎。

政界、文化界、教育界、培训界、娱乐界等有不少知名人士对李燕杰给予了很高的评价。《习仲勋传》中曾提到李燕杰。其中，在《关心新闻宣传和文教卫生事业》篇，习仲勋提到："北京师范学院李燕杰老师，他为什么那样受欢迎呢？他讲的不是空空洞洞的一些大道理，不是口号式的，而是结合学生的实际进行教育，有些思想不对头的学生都转变过来了。"

李燕杰的演讲总是能产生一种磁石般的吸引力，因为他的演讲更像一门艺术。李燕杰的演讲美学丰富多彩，这就好比古代擅长口技的人，明明只有"一桌、一椅、一扇、一抚尺"这些简单的东西，却制造出"虽人有百手，手有百指，不能指其一端；人有百口，口有百舌，不能名其一处也"的奇妙感受，听他演讲的人只能"伸颈，侧目，默叹，以为妙绝"。

本书从演讲的意义、演讲的心态、演讲的仪态、演讲的准备、演讲的技巧、演讲的艺术、演讲者的素质等多个角度阐述演讲的精髓，揭示演讲的真谛。这本书汇聚了李燕杰教授几十年演讲艺术的大智慧，希望能够帮助和指导想要突破语言障碍,成就精英口才,学会公众演讲,创造完美人生的有志青年。

成杰
2016年12月18日
于上海第253期"一语定乾坤"研讨会

目录
CONTENTS

第一章

语言和气场胜过百万雄师：李燕杰谈演讲的价值

人类的每一次进步，都离不开语言开路 003

每个伟大的领袖都是一流的演讲家 007

演讲传播智慧，传递信心，教化人心 010

演讲解决的是企业经营中的问题 015

演讲的意义在于团结人干大事 019

第二章

演讲和天赋没有任何关系：李燕杰谈演讲心态

人人都有可能成为演讲家　027

演讲和天赋没有太大的关系　031

怯场和自卑心都是可以突破的　036

没被起哄过，不是优秀的演讲家　042

好的演讲源自对演讲无限的热爱　046

第三章

做足前戏才能赢来高效：李燕杰谈演讲准备

临时"抱佛脚"不如平时准备好　053

好的道具会让演讲生动起来　057

备人、备课、备方法　064

演讲自评五项基本原则　068

读点演讲学著作就能成演讲大师？　073

第四章

不开口便引来膜拜：李燕杰谈演讲仪态

让聋哑人看得懂的演讲才是好演讲　079

你是否知道，观众喜欢有台缘的人　082

无论如何，都要像青松一样挺立　086

动比静更容易使人感同身受　091

演讲三情：真情、热情、激情　097

第五章

为什么你说话人人愿意听：李燕杰谈演讲技巧

情理结合、激发共鸣、共识与共振　105

走进心灵去沟通、大实话最动人　109

恰如其分的语言可以柔克刚　115

有意识地说出别人无意识的话　120

幽默是演讲的"润滑剂"　123

第六章

绝对不做"白开水"式的演讲：李燕杰谈演讲艺术

演讲与诗歌　131

演讲与小说　137

演讲与戏剧　142

演讲与书法　145

演讲与历史　150

演讲与电影　153

演讲与国学　156

第七章

演讲家的五大精神支柱：李燕杰谈演讲素养

德行：决定你能不能成为大家　161

自信：决定你能不能脱颖而出　165

才能：决定你能不能征服听众　170

学问：决定你能不能受欢迎 ○ 175

卓识：决定你有没有胸怀格局 ○ 180

第八章

藏在口中的财富：李燕杰谈演讲的意义

演讲是美和智慧的盛宴 ○ 187

演讲是艺术不是技术 ○ 192

演讲能改变命运 ○ 197

唤起听众心中的爱国之情 ○ 203

弘扬真善美，抨击假恶丑 ○ 208

为天地立心、为生民立命、为往圣继绝学、为万世开太平 ○ 211

第一章

语言和气场胜过百万雄师：

李燕杰谈演讲的价值

一语定乾坤

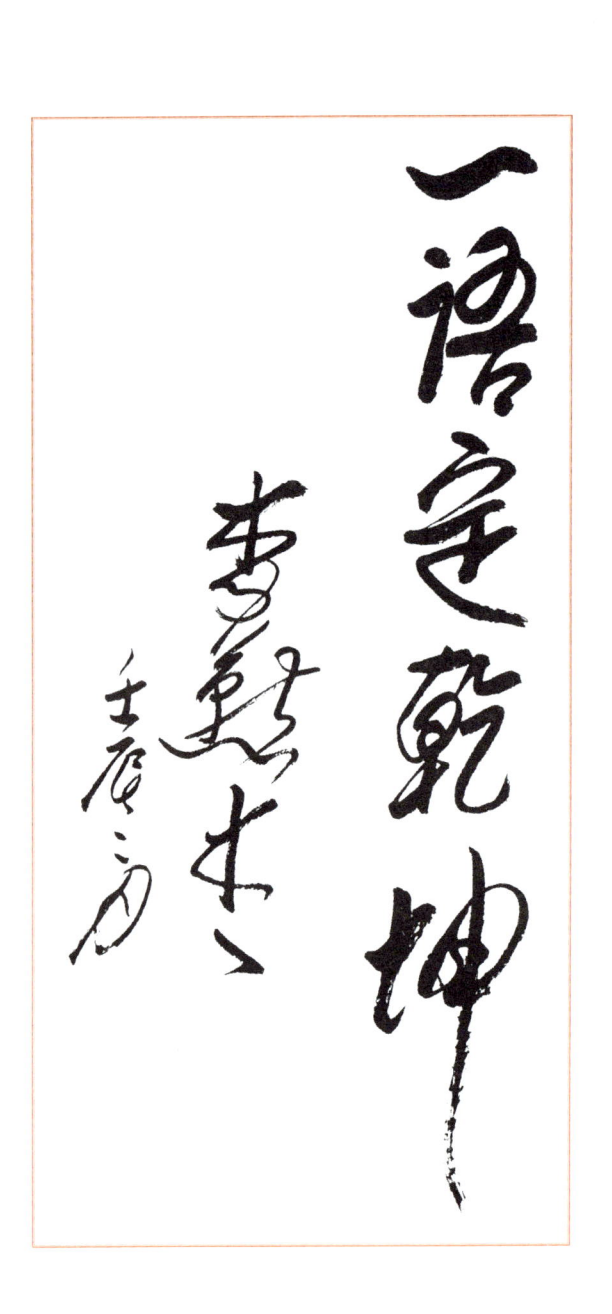

李燕杰 启功

人类的每一次进步，都离不开语言开路

· 李燕杰演讲智慧 ·

人类的沟通有两个重要渠道，一是文字，二是演讲。在创造文字之前，人类只有一种沟通方式，那就是演讲。伏羲氏是中国古籍中记载的中华民族最早的王，他是中国第一个演讲家。通过公众演讲，他教民织网用于渔猎，提高了人们的生产力；教民驯养野兽，家畜由此产生；倡导男聘女嫁的婚俗礼节，使血缘婚改为族外婚。他通过公众演讲将文明普及开来。

纵观我国历史，文景之治、贞观之治、开元之治、康乾之治等，有一个规律性的东西，反映出演讲能够对整个社会、整个国家、整个民族的命运起到积极的推进作用。

· 李燕杰演讲经历 ·

自1977年走出"象牙塔"登上社会演讲舞台以来，李燕杰的足迹几乎踏遍了"地球村"。几十年来，他开启了600多个演讲专题，访问了880多个城市，其中在国外300多个城市进行过演讲，累计演讲达6000多场，现场听众逾500万人次。这些数字，目前还无人企及。

李燕杰曾代表党中央、国务院为海外留学生演讲，他去过耶鲁大学、哈佛大学、牛津大学、剑桥大学、莱顿大学、鲁汶大学等。他被誉为中国跨行业演讲第一人、真善美传道士、铸魂大师。

时代在变，李燕杰的演讲主题也在不断变化：

1976年粉碎"四人帮"后，青年们需要走出时代困惑，所以1976年—1980年这段时间的演讲主题为《粉碎旧的枷锁》；

1981年—1986年，提出了追求真善美，演讲主题为《塑造美的心灵》；

1987年—1989年演讲主题为《发扬拼搏精神》；

1990年—1992年演讲主题为《迎接新时代的挑战》；

1993年—1995年演讲主题为《投身改革大潮》；

1996年—1999年演讲主题为《做时代的弄潮儿》；

近年来，他又在讲《国学智慧和力量》及《中国梦，我们的梦》。

可以说，他的演讲主题紧扣着中国思想解放和改革开放的进程，从侧面反映了改革开放的景象。

演讲的内容在变，但是传播正能量的主旋律始终不变。按照他自己的总结是：一定讲正面的，不讲负面的，不去指责别人、说三道四！

抛开演讲家的耀眼光环，李燕杰还是一位孜孜不倦的教育家。他很欣赏这句话：人生不是一支短短的蜡烛，而是一支由我们暂时拿着的火炬；我们一定要把它燃得十分光明、灿烂、然后交给下一代人。

60年来，他一直高擎中国传统文化这支火炬，进行铸魂育才的实践。

成杰演讲心法

精彩的公众演讲有一股魔力，它可以收人、收心。那些改写人类发展史的伟大人物，都深谙并掌握这股魔力。他们通过公众演讲，把话说出去，把人带回企业，把心聚拢到一起，为了共同的理想努力奋斗，不惜牺牲生命。

作为一介平民，大部分人的心态莫过于此：可以崇拜伟人，但却只可远观而不效仿。改变历史是伟人的事情，我只要做一个平凡的普通人即可。英雄与我何干？

我却从小就有一种英雄情结。我知道自己或许做不了力挽狂澜的大英雄,但是至少我可以像个英雄一样去发表公众演讲,用公众演讲去传播正能量,去帮助、影响和成就更多人的人生。

每个伟大的领袖都是一流的演讲家

· 李燕杰演讲智慧 ·

在人类社会的进步中,每个历史发展阶段都会出现一两个关键人物,他们对社会的进步起着至关重要的推动作用。这些人被我们称为谋略家,比如,姜太公、鬼谷子、孙武、诸葛亮、刘伯温等,这些谋略家都有一个特长,即演讲。

人类社会要前进必须有谋略,提高谋略水平,就要有大智慧。公众演讲能增长智慧和谋略。在谋略家读万卷书、行万里路时,他们会碰到形形色色的人,遇到各种各样的事。在这个过程中,他们通过说、讲、演与外界不断地交流,不断地吸收外界的智慧并将其转化,才成了真正的大谋略家。

李燕杰演讲经历

新中国刚成立时,李燕杰在北京大学露天广场听了郭沫若的演讲,这场演讲给他留下了深刻的印象。他坦言自己一直在学习郭老,用充满激情的语言去点燃青年的心灵之火,激发他们献身四化、振兴中华的信心和热情。

在中国历史上,李燕杰最敬佩的人有四位:屈原、文天祥、鲁迅和闻一多。这四位都是伟大的爱国主义战士,他们为国家和民族,为真理和大义甘愿牺牲自己,他们作为优秀的榜样给李燕杰以巨大的影响。

李燕杰每到一处都会结识该处的"大家",张岱年、季羡林、文怀沙、南怀瑾、冰心、贺敬之、钱学森等都是他的老师,他认为知识分子之间要相亲,而不要相轻。"三人行,必有我师焉"。李燕杰不仅善于向"大家"请教学习、博采众长,还胸怀广阔,提出"青年是我师,我是青年友",并向青年学习。

"海纳百川,有容乃大",正是博大的胸襟和包容性使得李燕杰融汇了人类文明的精华,成为一位德、才、学、识兼备的"大家"。

成杰演讲心法

榜样决定人生，偶像决定命运。

20世纪30年代，美国面临前所未有的经济危机，面对举国上下绝望的公民，罗斯福发表了重要的就职演讲："让我首先表明我的坚定信念：我们唯一不得不恐惧的就是恐惧本身——一种莫名其妙的、丧失理智的、毫无根据的恐惧，它把人转退为进所需的种种努力化为泡影。"他充满正能量的演讲，给国民注入了强心剂。

第二次世界大战时期，当德国纳粹耀武扬威的时候，丘吉尔发表了名为《少数人》的著名演讲，使军心大振，民心大受鼓舞，铿锵有力的公众演讲瞬间改变敌我双方的格局。另外，每当士兵士气下滑的时候，美国传奇"战神"——巴顿将军就会发表动员演讲。据说他那充满粗鲁、放肆俚语的演讲，很能提振士气。

古今中外，公众演讲对推动社会变革、社会发展发挥了较大作用的例子不胜枚举。

演讲传播智慧，传递信心，教化人心

· 李燕杰演讲智慧 ·

公众演讲是面对成千上万听众进行教育艺术的演讲，它的目的在于传道、授业、解惑，弘扬真善美，抨击假恶丑。

教育，使一个人对未有感觉的事有所感觉，对不理解的事有所理解，使那些似乎不可能的事变成可能。教育艺术家教育别人，不是让人回报自己，而是让人增长智慧，再去启迪他人，施惠于全人类。教育艺术家的作用不在于解决人们提出的所有问题，而在于通过艺术的强烈感染，促使人们在永无止境的艺术形式中热爱生活、热爱祖国、热爱人民、热爱事业。

教育艺术的意旨不只是知识的积累，还是心灵上的启迪，要明辨善恶、真伪，并使人倾向善和真，排斥恶与伪，使一切有生命的人都生活得更高尚、更美好、更善良、更智慧、更幸福、更有意义。

· 李燕杰演讲经历 ·

李燕杰作为演讲大师和心灵导师风靡全国，他和彭清一、曲啸、刘吉并称为"共和国四大演讲家"，是人民群众公认的正能量传播使者。

大河上下，长江南北，他"放喉尽抒铸魂赋"；凯旋门前，卢浮宫旁，他"拍案长发正气歌"。李燕杰创造了这样一个奇迹：没有一场重复，没有一场失败，没有一场不受欢迎。据说，当年他的一场演讲讲下来，很多人都受益匪浅。当年他的许多听众，如今已经成了社会精英。他们中很多人表示，多年来，"我们是听着李燕杰教授的演讲长大的、成熟的"。一些人感叹："我们要是多一些像李燕杰这样的思想教育工作者就好了。"

1981年，李燕杰在北京市东郊体育馆给高校的领导和教师做演讲。演讲结束，北大的领导拉住李燕杰，邀请他到北大演讲。面对德高望重的领导，李燕杰面露难色："北京师范学院的一个小讲师，岂敢给北大教授做演讲？"北大领导坚定地说："我们相信你能讲好！"果不其然，李燕杰以敬业爱生为主旨，结合教书育人的经验做了一场《德识才学与真善美——中外文艺纵横谈》的精彩演讲，赢得了一片喝彩。

时隔不久，李燕杰又在北京东郊国棉123厂做演讲。演讲完毕，在如潮的掌声中，几位领导走上讲台，其中一位个头不高但精气神十足的女士拉着李燕杰的手说："李燕杰老师，你干了一件好事，你用艺术的语言宣传了我们党的精神。"之后的几十年中，李燕杰应邀到海外为中国驻外使节团和留学生做演讲，在世界各地宣讲中华文化和国学精粹。

2014年7月22日，首都师范大学的领导与85岁高龄的李燕杰谈话后，落实了4件事，其中一件便是筹建神州智慧传习馆暨李燕杰工作室。旨在通过传习馆的教育，培养出一批"李燕杰式"的教育艺术演讲工作者，并接受全国教育界的咨询，免费解决群众提出的问题，引导师范生走出"象牙塔"，以利于培养卓越教师，总之是让传习馆成为铸魂育才的基地。

"落红不是无情物，化作春泥更护花。"85岁的李燕杰这样感叹："假如每个有点儿智慧的老人都能有个工作室，有个智慧传习馆，那该多好啊！使小我变大我，融入社会之中，把一生的宝贵经验总结总结，留给后人。"

成杰演讲心法

2004年，我开始去大学做公益演讲，后来转战给企业做免费培训。这种免费的演讲一做就是8个月，一场演讲通常是一个半小时到两个小时，一天讲一场、两场、三场……最多的时候，一天到不同的企业讲七场。最早的时间是从早上7点就开始演讲，最晚要演讲到凌晨1点，很多时候我讲到嗓子沙哑，还在持续不断地讲。是什么在支撑着我呢？我想是兴趣，兴趣是最好的导师，兴趣是成功的源泉，兴趣可以跨越一切障碍！

学习是智慧的升华，分享是生命的意义。2001年，我在工厂做工人的时候就有一个习惯：把自己的学习心得与朋友分享。每次看完一本书，我甚至会专门花钱请朋友们吃夜宵，为的就是跟他们分享我的学习心得。我觉得演讲就是一个与别人分享的过程，培训行业是一个可以帮助别人的行业，而这种分享和帮助会让我感到发自内心的快乐。因此，我把培训作为自己终生奋斗的事业。"师者，所以传道授业解惑也。"播撒智慧，传授知识，在教育培训的道路上，我愿意燃烧自己的生命，照亮前进的道路。

演讲的目的不是要证明自己很重要，不是炫耀自己有多好，而是发自内心地帮助听众。只要开口，就要对别人有所帮助。你讲的话别人愿意听，不是你讲得好，不是你讲得精彩，而是你讲的东西对别人有所帮助。我上台之前,会反复念叨"演讲等于帮助,我的出现就是要帮助更多的人"。我发现每次念叨完之后,我就不再紧张,反而能超常发挥。

演讲解决的是企业经营中的问题

· 李燕杰演讲智慧 ·

司马迁是中国历史上第一个富豪榜的制定者,在《史记·货殖列传》中,他为春秋以来的30多位大商人立传,其中包括子贡、范蠡、白圭等。纵观中国历史,在不同的时期都有几位成绩卓越的大商人、商圣,他们在中华民族物质文明发展过程中起着推动的作用,只不过因为轻视商人的思想存在,很多人都被遗忘了。这些成功的商人,他们大多都有着共同的特征:卓越的演讲才能。比如晚清著名商人胡雪岩,他的商业版图扩张的每一个关键点都离不开精彩的演讲。

· 李燕杰演讲经历 ·

有一位企业家,拥有120多项专利,却倒霉透顶,爱人跟副总好了,厂子也破产了。绝望的他守在李燕杰所在的大院门口,等了很久只为找到李燕杰请求解惑。见到李燕杰,他的眼泪就哗哗直掉,并说:"我一直做的都是好事,但是不得好报。我该怎么办呢?"

李燕杰安慰他:"你手握120项专利,还有什么困难克服不了。你先回家,冷静下来,然后继续奋斗。"

他答应了,可是脚却未动,原来他兜里一分钱都没有了。李燕杰当下就把自己刚领到的1000元稿费拿给他做路费。后来,这位企业家解决了所有的问题,再来的时候带了一个特殊的拐杖感谢李燕杰。据说,这个拐杖是他专门找了一块上好的花椒木,亲自手工打造出来的。

▍▍ 成杰演讲心法 ▍▍

一个企业所有的问题都是人的问题,所有人的问题都是教育的问题,所有教育的问题都是爱的问题。产品做不好,谁的问题?销售做不好,谁的问题?生产质量有问题,谁的问题?管理有问题,服务有问题,都是什么问题?人的问题!简单来讲，一个企业所有的问题都是人的问题。所有人的问题都是教育的问题。老板是忙于人还是忙于事？老板是把时间放在人上还是事上？老板要教育好员工，一个不会教育下属的领导，充其量就是一个监工。

领导者大体可分为两种类型，第一种叫执行型，第二种叫复制型。

执行型。这类领导的行动力很强，把事情交给他，他会完成得很不错。可是你会发现执行型领导虽然做事情很出色，但是5年、8年、10年之后，这种人还是"光杆司令"，还是孤家寡人。这样的领导者忠诚度很高，执行力很强，然而他却不会交流，不会带人，不会复制人。

复制型。这种领导在做事情的同时还在培养人。事情做完了，人才也培养出来了，三五年以后他会把自己这一棵树变成一片森林。企业需要一棵人才树，还是需要一片人才森林？当然是森林。所以，在企业中复制型领导人更加受欢迎。

伟大的领袖都是一流的演讲家，企业的领导人也都善于演讲，是因为他们知道演讲具有无穷的爆发力，同时他们也都用心讲话。讲话的学问很大，我认为讲话有三种类型：

告知型。这种讲话只是单纯地说明问题，说完就结束了，犹如一阵微风吹过，没有留下任何痕迹。

娱乐型。这种讲话有趣有益，就像赵本山的小品一样，让人听完心情愉悦，精神放松。

说服型。这种讲话充满力量，让听者热血沸腾，听完就会马上采取行动，做出改变。

很多企业领导人会感慨，企业平台不错，有战略、有目标、有团队，可为什么偏偏做什么什么不行呢？很多时候问题出在领导人身上，他的战略、目标仅仅说服了自己，却没能说服团队上上下下的其他人。

伟大的领袖都是说服型的领导人、教育家、思想家、演讲家，他们是真正会讲话的人，他们的话会把所有人讲得热血沸腾，然后使其主动承担责任，全身心地投入到工作中去。有了这样富有激情的团队，万事可成。

演讲的意义在于团结人干大事

· 李燕杰演讲智慧 ·

人类社会要进步,不能只靠一个人。你很棒,可就只有你一个人,社会无法进步。要想社会进步,你必须团结大多数人。如何团结大多数人呢?就得靠两个方法,一个是写文章,一个是用嘴巴说。用嘴巴说就是演讲。

在演讲方面,李燕杰深受鲁迅和闻一多的影响,他认为鲁迅是精神文明建设的光辉典范,他说:"在我很小的时候,就深深地爱上了鲁迅。"他敬佩鲁迅"用无我的爱,自己牺牲于后起新人",甘当青年的"人梯"。鲁迅为了"医治"国民的灵魂而弃医从文,他本可以沉心书斋,创作出更多更经典的文学作品，但他却把心思和时间用在教书育人、引导青年的思想上，这一点是李燕杰最佩服的。

郭沫若说过："大哉鲁迅！鲁迅之前，无一鲁迅；鲁迅之后，无数鲁迅。"鲁迅最大的成就在于培养了"无数鲁迅"。闻一多在民族危亡之际，走出书斋，走向青年，走向十字街头，为祖国和人民奔走呐喊，这也是李燕杰最钦佩的。

· 李燕杰演讲经历 ·

1977年1月25日，一件事情彻底改变了李燕杰的人生方向。"四人帮"倒台不久，虽然消除了"四害"，但是依旧有许多压抑在人们心中的话儿要讲。10年了，是应该重抖擞了，是应该扬眉吐气了。这一天，李燕杰应邀做一场批判江青的演讲。

当时，对演讲有所了解的人很少，也没有人做这个工作。李燕杰应邀要做的那场演讲，原本也不是什么演讲，而是大批判发言，只需要喊几句"庆父不死，鲁难未已"的口号。演讲开始前，李燕杰给出了他的发言提纲，主办单位破例地同意了，因为粉碎了"四人帮"后，时代的新芽需要破土而出。

李燕杰创造性地以江青为什么喜欢《红与黑》《简·爱》《飘》《基度山恩仇记》《红字》这5本书为出发点进行了演讲，

他的发言让1000多名听众耳目一新。

这是李燕杰第一次正式演讲，这一次演讲开启了他成为中国演讲艺术大师的序幕。第一次演讲引起了巨大的轰动，在北京掀起"李燕杰旋风"，并随之扩展为全国性的"李燕杰现象"。刚踏上演讲之路不久，有一次，中央政治局的领导听了他的演讲后感叹："为什么不能让李燕杰拔一根毫毛，变出千万个李燕杰？"

还有人认为：青年的思想教育工作如此之难，要是能把上海5万多个团支部书记都培养成为"小李燕杰"就好了。某领导在一次看望出国慰问团人员时讲道："希望有更多的同志像李燕杰同志那样做青年思想工作。"之后，这股旋风刮到欧美华人圈，在他们中间引起强烈反响。

成杰演讲心法

在巨海公司创立之初，我就有一个梦想，做101年的企业，捐建101所巨海希望小学。当时的我住在出租屋里，创业举步维艰，生活也成问题。在外人看来，要实现这样的梦想简直是天方夜谭，可我坚信有了公众演讲这个核心武器，我的梦想就一定能实现。

每次演讲，我都会激情地诉说我的梦想：用我毕生的时间和精力捐建101所巨海希望小学。不知不觉我身边出现很多贵人，他们有的是亿万富翁，有的是上市公司的董事局主席。他们愿意与我成为朋友，愿意向我学习公众演讲，学习领导力，学习企业经营管理。就这样，我的身边集聚了越来越多优秀的人。

2010年7月14日，我代表上海巨海企业管理顾问有限公司，携手山西百圆裤业连锁经营股份有限公司共同捐建"西昌市巨海百圆希望小学"，当日正式签订了捐赠协议，2011年6月12日竣工投入使用，一切都在计划中顺利地进行。

2011年11月22日，我和巨海集团副总裁闫敏老师到西昌市开元乡，确定捐建"西昌市巨海成杰希望小学"，并签署相关合约。2011年12月破土动工，历时21个月，于2013年9月竣工投入使用。2013年11月13日，西昌市巨海成杰希望小学举行剪彩落成仪式。

2013年10月，经康定市教育局推荐，我们一行人到康定新都桥小学考察，三方最终达成合作意向。2014年3月31日，我及企业家代表莫正豪、孙仕等一行从成都出发，经历了8个小时的车程，于傍晚时分到达康定县城。4月1日早上9点30分，我们一行人开车从康定县城出发，克服雪大路滑的困难，经过一路的艰辛跋涉，历时3个小时到达康定县新都桥巨海希望小学。下午2点，康定县新都桥巨海希望小学的捐赠仪式准时在学校操场上举行。

……

一座座巨海希望小学建立起来,我的梦想也一步步地实现,这就是公众演讲的力量,它让更多的人聚集在一起,让我的梦想从空中楼阁变为现实。

第二章

演讲和天赋没有任何关系：

李燕杰谈演讲心态

こと辞重がれ
鼎の寶こ寸の舌
彊於百萬之師

人人都有可能成为演讲家

· 李燕杰演讲智慧 ·

历史上口若悬河、舌绽莲花的演讲家,大多都是后天不断努力的结果,他们的成就都需要自信、勇气和坚持不懈的训练。好的口才犹如高塔,理想和勇气是登塔的动力,坚持不懈地训练是通往塔尖的阶梯,如果没有坚定不移的理想和激发潜能的勇气就无法"会当凌绝顶,一览众山小"。

有些人总是埋怨自己没有才华,没有能力,实际上人的能力是抵御困难的结果,是战胜困难后开出的花朵。"思九州而博大,横四海以焉穷",无论你的一生是平淡还是辉煌,无论你是长成大树还是小草,一切都取决于一个意念,取决于你心中的愿望。你应该相信自己在某方面具有优势，因为人真正的敌人是自己，只有过了自己这一关，才能打开通往成功的道路。

· 李燕杰演讲经历 ·

"我身高1.68米，按年轻女同志的说法，我这种身高是'二等乙级残疾'。"李燕杰从来不掩饰自己的身高缺陷。

李燕杰6岁入小学，比其他同学小1岁，个头儿也矮一截，但懂的知识却不少。班主任田老师在国文课上有时会读错字，这时候，小燕杰总是小手一举大声喊道"错——"，引来大家一阵哄笑。小燕杰的调皮把老师惹得很不高兴，在老师的眼里他成了一个专给老师挑毛病的"坏学生"。

因为个头小，课后同学们玩秋千、滑梯总是没有小燕杰的机会。一天，别的同学在玩秋千，小燕杰却像孙悟空一样，"噌噌噌"地爬到3米多高的秋千架子上。老师趁着这个机会向校长反映小燕杰的情况，学校把家长叫来说："这孩子太调皮了，万一出点儿事，我们担不起责任。"

无奈之下，父亲只好把李燕杰转到史家胡同小学（现名为史家小学）。班主任白老师50多岁，一见到李燕杰就严肃地说："听说你在原来的学校表现很不好。"这一句话把小燕杰吓得够呛。白老师接着又说:"我告诉你,男孩子不调皮没有出息!"这句话让小燕杰悬着的心落了地。"我相信你在这儿会成为很好的学生。"白老师的这句话让小燕杰喜出望外。经过一段时间的相处,白老师发现小燕杰年纪虽比同龄孩子小,但知识、道理却比别的孩子懂得多,于是让他负责班级板报。11岁的小燕杰编稿抄稿、编排版面一肩挑,认真做事,乐此不疲。

李燕杰虽然出生于文学之家,但是他小时候是一个不善言辞的人。后来,经过多年锻炼才在演讲上取得了一些成绩。

成杰演讲心法

有时候,我们不妨做一回英雄,事儿成不成,先吼一嗓子,越是在人生低谷,我们越是要给自己打气!很多成功的人都是靠吹点牛皮给自己壮胆的。奇怪的是,"牛皮"吹着吹着,居然都一个个变成了现实。

在亲戚朋友的眼中,"钢铁大王"卡内基是个"吹牛大王"。他15岁的时候说:"我长大后,要组建一个公司,赚很多钱给父母买一辆漂亮的马车。"当时跟他同住在贫民窟的人都觉得他疯了。

20岁的时候卡内基又说:"我要赚到足够的钱给家里人换

一所大房子。"当时跟他同在路边卖东西的人也觉得他疯了。

30岁的时候卡内基又说:"我要做救世主,让所有的穷人都能够有面包吃。"当时同在一个办公室的十几个同事看着他更觉得他疯了。

可是就是这样一个疯子说出了自己的人生梦想,这些看似遥不可及的目标一直激励着他不断努力。就这样,他最后成了世界首富,成为受人敬仰的大慈善家!

生活中,我总能听到周围的人在抱怨:"我长相不好……我没有有钱的爸妈……我没有足够的运气……所以,我才不会成功。"这样的人一辈子都在走下坡路,就像他自己说的一样,他越来越不成功。

相反,我也见过不少人,他们立志成功的决心改变了自己的人生,也改变了周围人的命运,进而改变了更多人的命运。仔细回想一下,你的小学、初中同学当中,是不是一直有那么几个爱"吹牛"的人呢?他们是不是最终都混得很不错呢?

演讲和天赋没有太大的关系

· 李燕杰演讲智慧 ·

毛泽东曾告诫过我们:"语言这东西,不是随便可以学好的,非下苦功夫不可。"演讲与口才的技能不是天生的,也不是无师自通的,它同其他才能一样,是可以通过勤奋学习、刻苦练习获得的。

"宝剑锋从磨砺出,梅花香自苦寒来。"古今中外一切口若悬河、善于舌战的演讲家,一切能言善辩、口才出众的雄辩家,一切口齿伶俐、善于应酬的交际家,都不是天生的,而是在后天苦练的基础上,靠自信、勇气、拼搏、锻炼造就的。

古罗马雄辩家西塞罗在最初演讲时曾感到自己脸色苍白，四肢和整个心脏都在颤抖。

美国演讲家詹宁斯·伯瑞安说，当他第一次站在讲台上面对听众时，他的两个膝盖颤抖得碰到了一起。

马克·吐温第一次演讲时，觉得自己嘴里像塞满了棉花，脉搏快得像争夺金牌时百米赛跑的运动员。

政治家路易·乔治曾说，他第一次试着做公开演讲时，真是陷于难堪之境。绝不是故意形容，完全是真的。他的舌头抵在口腔上膛，竟说不出一个字。

丘吉尔第一次在议会上发表演讲时，也栽过一次"大跟头"——当讲到一半时，突然忘记了下文，怎么也想不起来了，他憋得面红耳赤，只好中断演讲，尴尬地回到自己的座位上。

好的演讲家都是锻炼出来的。即使一个口才笨拙，不敢面对群众讲话的人，只要刻苦学习、努力实践，并且把演讲与事业连在一起，也是可以成为很好的演讲者的。

一个看起来内向不会演讲的人，只要他非常重视平时的知识储备，等有机会登台，就很可能会成为大演讲家。相反，一个看起来能说会道的人，会觉得自己很棒，但如果只是忙于四处说、四处秀，不注重内在的积累，他的话可能会越来越没有力量，没有质量，没有密度，最后听众也会随之越来越少了。

· 李燕杰演讲经历 ·

有人说，李燕杰是天生的演讲家，一开口便引起了轰动。李燕杰说："第一，我不是天生的演讲家；第二，我不是一开口便引起了轰动，而是在实践的过程中逐渐学会演讲，并坚持学习、不断进步。演讲因时代的需要在社会中产生了一定的影响，如果有些人自以为不善于演讲，请不要灰心，只要勤学苦练，就可以讲好！我就是一个从不会讲到会讲的例证。"

此言非虚，李燕杰小的时候特别不爱说话。他生于一个高级知识分子家庭，那个时代知识分子家庭教育普遍奉行少言谨言。

李燕杰自小养成了这样的习惯：爱读书，爱写诗，不爱说话。遇到陌生人，十分腼腆。18岁进入大学学习时，李燕杰在小组会上都不敢发言。他的老师经常说："你看小李子，整天像大姑娘一样。"因为他身边都是清华、北大的那些学生会主席、副主席，一个赛一个的，所以他坐在旁边就显得有点儿腼腆。

后来李燕杰当了班长，又当了学生会主席，作为学生中的小领导，他讲也得讲，不讲也得讲。在发表学生会主席就职演讲的时候，他紧张了好几天，心里一直希望上台演讲时停电，这样就可以摸黑演讲，避免被同学们看到窘态。

成杰演讲心法

纵览古今中外演讲家,每位都是通过苦心锻炼才获得卓越的口才的。林肯为了锻炼口才,曾经徒步到30英里以外的法院去旁听,他用心观察律师们的辩论,一边琢磨,一边模仿。他对着树木、玉米演讲,把它们想象成无数的听众,认真练习口才。经过长时间的锻炼,他终于成了演讲大师。

于丹因为在《百家讲坛》分享《论语》心得而被大家所熟知。于丹在《鲁豫有约》被问及"你从小口才就这么好吗"时,她的回答居然是"我小的时候几乎不说话"。曾经轰动一时的"疯狂英语"创始人李阳,小时候也是沉默寡言,内向自敛……这些说明了才能不是天生的,都是通过刻苦锻炼得来的。

台上三分钟,台下十年功。刻苦学习、反复实践是提高演讲水平的关键。无数事实证明,演讲的好坏,取决于后天的练习。只要肯下苦功,即使笨嘴也可以变成巧舌。甚至有些生理缺陷会因口才的出色而弥补,身材矮小,不必自卑,一些伟大的演讲家都是矮个子:拿破仑、列宁、丘吉尔……长相难看,没有关系,林肯就是一个长得不好看的人,但他是美国的总统,杰出的演讲家。

一个8岁的小学生,因患小儿麻痹症至使腿有了残疾,他有一副暴露在外参差不齐的丑牙,还长有一张极不大方的面孔,畏头缩脑。他被老师叫起来背书时,局促不安、浑身哆嗦。有人认为这个孩子个性内向、神经过敏、不可救药，但是这个小学生后来成了美国人民爱戴的总统——罗斯福。

罗斯福非常清楚自身的种种缺陷，他把这些缺陷当成激励自己的动力，一一加以克服，没办法改的则加以利用。从而让本来足以使演讲失败的缺陷，竟成了他获得成功不可缺少的条件。

怯场和自卑心都是可以突破的

· 李燕杰演讲智慧 ·

怕上台的人,或许占多数。开始,谁都难免有点紧张,李燕杰主张要勇敢突破。

一个人学演讲,初期精神会十分紧张,上台前后,手足无措。经过几次、十几次、几十次的锻炼后,才能运用自如,游刃有余。

记得古人在讲如何学书法时,曾说过这样几句话,如果拿它来比喻学习演讲也是可以的:学书者始由不工求工,继而工求不工。不工者,工之极也。又如庄子《山木篇》曰:"既雕既琢,复归于朴。"

李燕杰很赞成这几句话，由不工到工、由工到朴，是一个艰苦磨炼与逐步提高的过程，达到炉火纯青时，也就达到了返璞归真。

如何成为演讲家？李燕杰的回答还是"经常讲"。一个人永远不讲话，无论如何都成不了演讲家。要想讲话，就得有素材、有理论。总之，要多读、多看、多干、多动脑筋，反正不能盼望天上掉馅饼。记得一位老同志讲过，**要想干好一件事，就得有五个"千"字：千方百计、千辛万苦、千山万水、千家万户、千言万语。**

初学者上台前，应另有所思，主要是揣摩听众的心理。思考讲什么、怎么讲，并确立自己如何信心百倍地开始演讲。

如果做不到这一点，就应当想办法为自己创造一个和谐的环境，使自己有一个良好的心态。比如：

上台前，先喝一口茶，润润嗓子；

看看全场听众，进行眼神的交流；

背一背前几句话，开头讲好了，就可以为此次演讲打下良好的基础；

还可以想想列宁、孙中山、毛泽东等演讲家的形象、气势。

这些做法都有助于初学演讲的人克服紧张、怯场的心理。

具体怎样克服自卑情绪呢？

第一，要不断地为自己打气、鼓励自己，经常提醒自己要树立自信心。说我行我就行，不行也行。

第二，发掘自己的强项，比如语言流畅、口齿清晰、知识面广……多看看自己的优点，容易增强自信心。

第三，不要怕失败。有了可能失败的精神准备和努力战胜失败的决心，就有可能成功。这也是战胜自卑的好办法。

第四，勤学苦练、笨鸟先飞。

第五，不怕批评、不讲泄气的话、气可鼓不可泄。

总之，只要努力，敢去突破，自卑心理是可以克服的。

· 李燕杰演讲经历 ·

细心的人会发现，每次李燕杰在演讲之余都会从口袋里掏出小卡片，若有所思地在卡片上记录着什么。原来，他是无时无刻不在学习。

学演讲得这么学，别把任何契机放过。李燕杰兜里老有卡片，逮着机会就写，那飞机上的清洁袋，他用得多啦，只要认为好的他就写下来。

李燕杰说："那天我到中央人民广播电台参加一个会议，是谁通知我呢？邓拓的夫人丁一岚。我去了，迟到了，非常难堪呀！我一进门看那最前排座位上坐着的是钱学森，便赶快给他鞠了个躬，我说，钱老，您好！钱学森说，李燕杰，你可迟到了。我差点脱口而出"堵车"，转念又想，用堵车搪塞合适吗？于是我说，钱老啊，人类科学每前进一步，大千世界就惩罚人类一次啊！钱老就来一句，'人类每遭受一次重大灾难，总会以更大的进步加以补偿。'"钱老的这句话就被李燕杰记在了小本本上，成为以后演讲中的哲理。

在香山饭店参加全国政协会议时，李燕杰在会上遇到了作家姚雪垠。李燕杰陪他到房间里聊天，刚落座没有两分钟，姚老就说了一句话："人啊，耐得寂寞才不寂寞啊，耐不得寂寞才更加寂寞啊！"这句话也被他记了下来。

多年前，李燕杰拜访作家萧军，萧军拉着李燕杰的手说："燕杰，好好干！"李燕杰回答："谢谢您，还有什么嘱咐？"萧军老人说："告诉年轻人，搞学问，抓根本。""抓什么根本啊？"李燕杰问道。萧军说："中医、西医甭管多伟大，就俩字，一呼一吸，停止呼吸就完蛋；军事家就是一攻一守一胜一负；企业家就是一买一卖一赔一赚。李燕杰，你们搞文艺的人，就是一善一恶一美一丑。"萧军老人的这些话，被他记在小本子上，也深深地记在心中。

成杰演讲心法

2003 年 7 月 17 日，或许是上天的安排，我有机会聆听了一场两个小时的演讲。演讲结束的时候，现场爆发出雷鸣般的掌声，我也被演讲者极富魅力的演讲深深地打动了，他的一字一句，每个手势似乎都能震撼我的心灵。我开始意识到演讲的感染力有多么强大，一个声音不断地告诉我：这不正是你要追求的人生吗？于是我对自己说：我要做一个最具影响力的演讲家。

每一个超级演讲家都是从免费演讲开始的，我也不例外。从我决定做一名演讲家起，首先就联系当地的学校，去校园演讲。"没有名头，没有经验，也没有关系，我凭什么相信你？"这是当时很多学校领导开口问的第一个问题。说实话，不碰几回钉子真的不知道自己到底有多少成事的勇气。我前后约了很多次，起初对方都示以回绝的态度，后来，或许是被我的这股坚韧劲儿打动了，我终于敲开了第一所大学的门。

当年的演讲是免费的，可我永远认为那是我最富激情的学习阶段，我曾在一天内去不同的企业讲了7场，早上7点就开始演讲，一直到凌晨1点。我知道成功最快的方法就是：**在最短的时间里采取最大量的行动**。很多时候我讲到嗓子哑掉，却还在持续不断地讲。在之后的日子里，毫不夸张地说，一年365天，我基本上都奔走在全国各地的讲台上，但无论多忙，在机场、飞机上或者宾馆里，只要有空，我还是不忘记学习。

在做了640场免费演讲之后，我接到人生第一场有报酬的演讲，并在不久后，成立了自己的公司——成杰教育训练机构。从此以后，我的生活一下子好了起来，从400元一天开始向 800 元一天发展，而后是 1000 元、5000 元、1 万元、3 万元、6 万元、10 万元、100 万元……我一步步站到了最富光环的演讲台上。

超级演讲家可以从免费演讲开始，因为练习可以造就大师。

没被起哄过，不是优秀的演讲家

· 李燕杰演讲智慧 ·

炎旱历三时，天运失其道，河中风尘起，野田无生草。智者对灾害冷静对待，战而胜之，泰然处之，这些使李燕杰懂得了"远望方觉风浪小，凌空乃知海波平"。

李燕杰这一代人经历了新中国成立后多次政治运动，特别是"文革"期间，受到了冲击，使他入"牛棚"遭受非人的待遇。然而李燕杰却处乱不惊，在"劳改"中，他利用夜晚时间编写了《毛主席诗词详注》《鲁迅诗注》。这些书由李燕杰编写，林传鼎刻印，周振甫修改，一时间被传为佳话，在社会上产生了良好影响，李燕杰也从中得到了锻炼、学习与提高。由于他能全面分析形势，既不随波逐流，又不莽撞行事，他审时度势，持盈保泰，顺天应人，化险为夷，所以才能做到有困而无惑。他懂得了：

涉江湖者，知波涛之汹涌。

登山岳者，知蹊跷之崎岖。

· 李燕杰演讲经历 ·

李燕杰去过海内外几百个城市，演讲期间，在卡拉奇遇到了飞机失事，在伦敦遇到车祸，李燕杰都能走出险境，继续演讲。在各种波折中，他的主要体会是：身要严正，意要闲定。在他心中，气要和平，量要阔大，志要坚实，如此才能有惊无险。

李燕杰的演讲就是宣传真善美、抨击假恶丑。批判一些丑恶现象多了，自然就引起了一些人的不满。有的人一再掀起各种风波，给他加上许多莫须有的罪名，他都能泰然处之，行若无事，甚至公开宣布原谅那些加害于他的人。因为李燕杰懂得即使受到伤害，也绝不要忘记"仁爱"二字，特别不要忘记宽大为怀，所以在李燕杰心中有风而无波。

前几年有人攻击以李燕杰为代表的共和国演讲家们，曲啸同志找到李燕杰说："燕杰同志啊，他们攻击咱们当教师的是

'教师爷'（教师爷：指过去私塾的教师，特征是古板），这把我气坏了。"

李燕杰说："别生气！生气就等于用别人的卑鄙来惩罚自己！"

曲啸说："怕斗不过。"

李燕杰说："斗不过就不跟他斗。沉默，沉默就是战斗！"

李燕杰拿起笔来给曲啸写了一句话："宠辱不惊，看庭前花开花落；去留无意，望碧空风卷云舒。"

后来，这幅字被拿去展出，歪打正着，获了大奖。从此，李燕杰的名字被收录进五个书法家大辞典。

每当演讲受挫的时候，李燕杰常用中国的那句古话慰藉自己："知足者常乐，能忍者自安。不受天磨非好汉，不遭人嫉是庸才。"

成杰演讲心法

被台下听众喝倒彩是演讲者必上的第一堂课。古希腊雅典卓越政治家、演讲家德摩斯梯尼，少年时有中度口吃，发音器官也有病变，声音嘶哑，说话气短，而且爱耸肩。这些对于学习演讲十分不利，他初学演讲时很不成功，曾被听众轰下台。

然而失败、嘲笑与打击，并没有使他气馁。他一方面刻苦读书、虚心请教，学习朗读方法，学习用简洁的语言表达丰富的思想；另一方面，他又向著名的演讲家请教。为了提高音量，他特意到海边与哗哗的浪涛比高低，到山林里与呼啸的松涛比强弱；为了矫正口吃，他口含石子练长音朗诵；为了克服气短的毛病，他故意一面攀登陡峭的山坡，一面不停地吟诗；为了克服肩膀一高一低的毛病，每次练习演讲时他就在上方挂两柄剑，剑尖正对自己的双肩，逼迫自己随时注意并改掉小动作；为了集中精力使自己能安心地在家里练习演讲，不外出游走，他特意剃了一个阴阳头。

他还在家里的地下室安了一面大镜子，经常对着镜子练习演讲，以克服演讲上的毛病。经过几年的刻苦练习后，他再次登台时，展示出了演讲家的才华，终于成为一名闻名于世的大演讲家。

好的演讲源自对演讲无限的热爱

· 李燕杰演讲智慧 ·

李燕杰爱演讲，是因为爱教育艺术；他爱教育艺术，是因为爱青年、爱人类、爱未来。给予是爱，索取不是爱，李燕杰的演讲是给，不是取。他经常在想，人处大千世界总应当有点理想，或说应该有一个世界观，以便从整体上把握宇宙和人生，克服无所适从的彷徨情绪。为了创造更多价值，在宇宙时空中多做一些大事、好事，有一分热发一分光，有千万分热发千万分光。因此，李燕杰选择了演讲事业，或说演讲事业选择了他。当他明白演讲事业在于弘扬真善美后，就进一步确定了：这些就是他的光、他的热、他的卡路里，从此以后要让这个事业释放更大的能量。

李燕杰很欣赏三毛这句话：

爱情不一定人对人。人对工作狂爱起来，是有可能移情到物上面去的。所谓万物有灵的那份吸引力，不一定只发生在同类身上。

李燕杰为了演讲，为了教育艺术废寝忘食、呕心沥血，这无疑是一种爱，是发自肺腑的爱。

· 李燕杰演讲经历 ·

自1977年第一次正式演讲以来，有人问他有什么经验，他调侃说："每天用奉献丹、知足散、宽容膏和感恩丸。"李燕杰已开展百个专题，进行6000余场演讲，创造中国当代的演讲记录。他去过海内外近千个城市，包括北京、上海、天津、重庆、香港、澳门、华盛顿、纽约、芝加哥、温哥华、渥太华、伦敦、巴黎、罗马、柏林、维也纳、贝尔格莱德、华沙、伯尔尼、东京、大阪、吉隆坡等。

李燕杰曾代表党中央、国务院为海外留学生演讲，尽管演讲了这么多场，但是他却能做到每场不重复，昨天讲的跟今天讲的，上午讲的跟下午讲的都不一样。

李燕杰在欧洲55天做了53场报告，报告结束后直接坐飞机去继续演讲。在飞机上,副团长感叹:"燕杰,你可不简单啊!50多场报告我都听了,没有一场是一样的!"李燕杰拍着副团长的肩膀,开玩笑说:"你也不简单,你给燕杰同志组织了50多场报告会,你讲的百分之百一样。"

一个人只有热爱自己的事业,才会想着创新,不然,重复岂不最省时省力?

李燕杰是把自己的生命都付诸演讲事业了。

成杰演讲心法

保尔·柯察金说:"人生最宝贵的是生命,生命属于人只有一次。人的一生应当这样度过:当他回忆往事的时候,他不因虚度年华而悔恨,也不因碌碌无为而羞愧;在临死的时候,他能够说:'我的整个生命和全部精力,都献给了世界上最壮丽的事业——为人类的解放而奋斗。'"

爱因斯坦也说过:"对一个人来说,所期望的不是别的,而仅仅是他能全力以赴献身于一种美好事业。"

2008年,我创办了上海巨海企业管理顾问有限公司。经过8年的发展,2016年,巨海公司已经拥有了上海、北京、杭州、成都、宁夏、绵阳、南通、温州、广西、金华、衡水、枣庄、眉山、乐山、双流、温江、郫县、苏州、重庆、义乌、东阳、泸州、内蒙古等60多家分公司。我梦想着2018年巨海能成为一家上市公司,我们将在北京鸟巢举办一场10万人的慈善演讲,届时我们将邀请华人首富李嘉诚先生出席演讲。我还将邀请国际功夫巨星成龙和壹基金创始人李连杰与我同台演讲,左边是成龙,右边是李连杰,中间则站着我——成杰!

看到我如今的成长及所成就的事业,很多人说我是个天才,其实,我想说的是,我并不是天才,只是明确地知道我要做什么,我要成就什么样的事业,我要成就多少人的梦想。正如高尔基所言:"天才是由于对事业的热爱而发展起来的。简直可以说,天才——就其本质而论——只不过是对事业,对工作的热爱而已。"

第三章

做足前戏才能赢来高效：
李燕杰谈演讲准备

一點浩然氣
千里快哉風

临时"抱佛脚"不如平时准备好

·李燕杰演讲智慧·

不谋万事者，不足谋一事；不谋全局者，不足谋一域。

李燕杰认为，好的演讲家不是靠耍嘴皮子的。演讲不是传授知识，而是要给人以智慧。演讲者带给别人智慧的前提是自己要有足够的智慧储备，要想给别人一杯水，自己必须有一桶水的储备。时代发展得很快，需要学习的东西很多很多，学习一旦跟不上，就会被时代抛弃。

法国大作家雨果说过："各种蠢事，在每天阅读好书的影响下，仿佛被烤在火上一样，渐渐熔化。"读书可以陶冶情操，提升人的整体气质。年轻人一旦有了较高的文化修养，体现于语言，则为语言美；见诸行动，则为行为美。

中国有老庄、孔孟的传统文化作品；欧洲有大哲学家苏格拉底、亚里士多德、柏拉图等人的优秀作品。另外，还有宗教领袖的作品，如《古兰经》《圣经》等；还有马列主义的作品。这些都是人类文明的源泉和精粹。演讲者的基本工作就是吸纳这些人类文明的精华，再以演讲和教育的方式传递出去。

· 李燕杰演讲经历 ·

李燕杰的演讲，为什么能深深地吸引着听众，牵动着人心呢？用一句今天的话来说，那就是他练就了扎实的"内功"。

一次，李燕杰在清华大学演讲时说："我不是有什么卖什么，而是你们想吃什么，我当场做什么。"在清华大学里敢说这样的话，足见其底气之足。

李燕杰出生在一个知识分子家庭，从小接受良好的家庭教育为他打下了坚实的国学基础。李燕杰的父亲李慎言是中国最早的一批研究生，入清华大学、北京大学后，师从梁启超、王国维等大师。李燕杰的母亲在18岁时进入北平女子文理学院，在当时属于一名追求进步的女性。父母时常教育儿子要有博学之志，也给他创造了良好的学习氛围。

李燕杰幼时的玩具是一堆古书，三四岁就在家中所开的私塾家馆听父亲给学生们讲授《易经》等国学经典。他还不到10岁，"四书""五经"已能出口成诵。在接受新浪网的访谈中，李燕杰谈道："我的父亲在我很小的时候就给我讲梁启超、王国维的故事，后来又给我讲鲁迅、周作人、章太炎、黄侃等学问大家的故事。我的奶奶和母亲在我很小的时候就对我进行国学教育，奶奶给我讲伏羲氏画八卦和盘古开天辟地的故事。"

在父母的严格要求下，他从小就学习《三字经》《百家姓》《千字文》等，13岁之前已经将《大学》《中庸》《论语》《孟子》等学通，14岁以后，他的父母请了一位先生教他学习《易经》《道德经》《南华经》《山海经》和《黄帝内经》。

李燕杰在演讲中展现出来的卓越才华有一部分是得益于小时候扎实的背诵功底。他曾感慨道："这些传统经典，当时虽然没有会意，但已深深融入我的记忆中，成为影响我一生的行为指南。"

爱书如命的李燕杰总结出他的"五书之义"：买书、看书、写书、教书、藏书。书俨然成了他生命中最重要的东西。只要一有空，李燕杰就会拿上一个大袋子，兴致勃勃地到书店、书市去淘书。现在，他已藏书近4万册，可以算是北京市的明星状元藏书家了。

从小就在书海中遨游的李燕杰从书中获取了大量的知识和智慧。他的阅读面之广令人惊叹，各类书籍没有他不看的，年轻人看的书他也看。

成杰演讲心法

学习是智慧的升华，分享是生命的伟大。

《黄帝内经》强调医生要："上穷天纪，下极地理；远取诸物，近取诸身。"张仲景说："博览群书，广采众方。"孙思邈说："弱冠善读庄老及百家之书。"很多政治家、教育家、医学家都十分重视"究天人之际，通古今之变，成一家之言"。有些演讲者只专注于研究演讲技巧，这其实是远远不够的。

当我还在工厂做工人的时候，为了能够少花钱多看书，我就在工厂门口摆书摊，每天晚上，既是我做买卖赚外快的时间，又是我如饥似渴读书学习的时间。一本《世界上最伟大的推销员》让我手不释卷，读了N遍，已经可以倒背如流。

学而知不足，不足而知学。学习成长、日日精进是我的人生主旋律。在我心中：没有最好，只有更好；只有优秀是不够的，还要在做事上精益求精，做人上追求卓越。不断学习、日日精进是成功演讲者必备的素质。

好的道具会让演讲生动起来

· 李燕杰演讲智慧 ·

在演讲过程中使用道具能使演讲生动、形象，达到直观的效果——看得见的演讲更精彩。李燕杰认为，视觉效果比听觉效果更容易吸引群众注意力。

第一，让听众更感兴趣。在演讲时你或许难以做到舌绽莲花、妙趣横生，但如果你加上一些适当的道具，就会使你的演讲生动起来，让听众更感兴趣，进而对你印象深刻，起到余音绕梁三日而不绝的效果。

第二，有助于听众理解演讲内容。有时一个道理仅用语言描述很难表达清楚，如果能够借助道具，如条幅、图片等来传达我们要表达的信息，就会变得容易很多。

第三，加深听众印象。俗话说"百闻不如一见"，对于群众而言，你讲得精彩可能也就是一时的事情，听过就忘了。如果加上道具，就会在他们心里留下一个深刻的印象，因为看到的事物比听到的事物更让人印象深刻。假如可以让听众接触到，或者直接操作道具的话，就会更让听众难忘。

第四，可以带来乐趣。精彩的演讲可以调动群众的情绪，在枯燥的时候可以使用道具，如一些色彩鲜艳的事物或图像等。使用道具可以给演讲增加一些趣味性，也容易带动听众的情绪。

· 李燕杰演讲经历 ·

李燕杰在演讲中经常使用条幅，每次都会提前准备一些与演讲内容有关的书法条幅，他说："我为什么要花力气准备条幅？是因为上台以后要观察听众，你光站着看不行，你得用东西吸引他们，有些听众看见这些，气氛一下就上来了。听众们谁喜欢谁不喜欢，你一眼就能看出来。"

有一年恰是鸡年，中央领导人让李燕杰正月初七到中南海做报告。按照中国人的传统习俗，春节还没结束大家见面就要相互拜年问好。在这次演讲前，李燕杰提前准备了一个

"鸡"字条幅。

演讲一开始,他首先展示了这个"鸡"字条幅,提出了一个问题:中国的十二属相有子鼠、丑牛、寅虎、卯兔、辰龙、巳蛇、午马、未羊、申猴、酉鸡、戌狗、亥猪,龙是图腾,蛇是虫,剩下几乎都是兽,在十全十美的地方却是个家禽——鸡,这是为什么?这个话题一提出,立刻勾起了在座听众的兴致。

李燕杰紧接着给出了答案:咱们老祖宗说鸡有五德,**头戴鸡冠有文德,足能撑剧有武德,敢于斗争有勇德,见到好吃的把别的小鸡都找到有仁德,守夜报时有信德**。这个答案一给出,当场哗然,每一条都能牵涉到大家日常的工作态度、工作方法,后面演讲内容的展开自然是水到渠成了。

李燕杰问谁属鸡?越是领导越谨慎,没人举手,他又追了一句:"今天谁属鸡,就送给谁,"结果有21个人举手。演讲结束后,他写了21个关于鸡的书法条幅送给了这些人。这次演讲完美谢幕,得到了中南海领导的广泛认可。

后来,李燕杰在对外演讲中,结合市场经济现状,进一步地丰富了鸡的德行,指出"鸡有八德":第一,公鸡报晓不误时。搞市场经济,履行合同要守时。第二,鸡会自己去寻食,不等不靠,就像我们自己得去找市场。第三,老母鸡下蛋、孵小鸡。公司应像下蛋那样发展起一大群来,形成集团公司。第四,养鸡投入少,产出多,做生意也应该如此。第五,鸡就是鸡,实事求是,不说自己是凤凰。办公司、做买卖,也要做到实事求是。第六，鸡会互相争斗。我们开发市场也要敢于拼搏。第七，鸡是会飞的，虽然鸡飞得不高，但它总是在争取属于自己的、更高的天空。我们做生意也要不断进取，生意才能越做越火。第八，鸡是很美的，雄鸡有红红的鸡冠，母鸡体态优美，小鸡可爱。我们做生意，要树立好品牌、好口碑，才会更有感召力。同样，这样的解释很受听众欢迎。

成杰演讲心法

以细节来丰富演讲，最佳的方法之一，是在其中加入道具的展示。也许，你花费数小时只为了告诉我如何挥动高尔夫球杆，而我却可能感到厌烦。可是，你若站起来表演把球击下球道时该怎么做，那我就会全神贯注地倾听了。

有一个词叫"善假于物"，出自《荀子·劝学》："登高而招，臂非加长也，而见者远；顺风而呼，声非加疾也，而闻者彰。假舆马者，非利足也，而致千里；假舟楫者，非能水也，而绝江河。君子生非异也，善假于物也。"

这句话的意思是：登上高处招手，手臂并没有加长，但别人在远处也能够看得见我；顺风呼喊，声音并未加速，听见的人会觉得清晰。坐车乘马，不是靠人的脚走得快，可是能达千里之外；借助行舟划船的人，并不善于游泳，可是能渡过江河。君子不是生下来就有什么不同的，只不过是善于借助外物罢了。

为了发挥出最好的效果，演讲要学会善用道具。我根据个人多年的演讲经历，总结出公众演讲必须考虑的几个道具：

文字

文字就是你所要表达的内容，是最基础的，是演讲的第一工具。没有了文字，就没有了内容，你的演讲就是空洞的。在演讲过程中，一段发人深省的话能震撼人的心灵，能带给听众极大的刺激。不过要注意的是，演讲过程中呈现出来的文字一定要简洁、一目了然，千万不要把你所有的演讲词都呈现给听众看，如果听众的关注点放在了读文字上，就很难再分出精力听你的演讲了。

另外，演讲者要保证文字大小适中，什么是适中呢？如果你走到房间的最后面，也就是在你演讲时观众坐得最远的位置，能够轻松地看清前面的文字，那就是适中。

还要注意的是，对于需要听众重点注意的文字，可以用不同颜色或通过画圈等方式着重表现出来，这样可以让听众更容易看到内容突出的地方，也能让你演讲时更容易找到重点。

图片

一张图片的信息量相当于6万文字的信息量。与文字相比，图片更形象、更直观。图片利用得好，可以为你的演讲加分。演讲过程中，应用的图片一定要与演讲的观点相符，不要为了放图片而放图片。图片一定要选择好,并且在风格上要协调。比如讲低碳环保、绿色节能的话题,在演示文稿中使用绿色的背景图片,就会在一定程度上与内容相呼应,这样的演讲无疑会比较精彩。

同文字一样,在使用图片时,演示文稿中一般一次只放一张图片。如果放太多图片,会让人一下子接受不过来,进而影响演讲效果。

文字与图片相结合,可以发挥文字的想象力和图片的直观性。在演讲过程中,这种结合方式能起到很好的辅助作用。不过,使用的图片一定要符合主题,视觉冲击力要强,匹配的文字一定要足够简短。

另外,有数据需要展示时,最好不要用文字,而是通过表格、柱形图、折线图或是饼状图等展示出来,它们比文字更清晰易懂,能大大增强演讲效果。

视频

通过动画、视频的形式,从视觉、听觉两方面带给人刺激,冲击力更强。同样道理,所选视频一定要符合主题,并且播放时间不宜过长。

业内专家背书

成功就是牵着巨人的手行走。狐狸怎样才能威慑其他动物,凭借自己的力量永远达不到。当狐狸走在一只既有实力又有影响力的老虎前面时,所有的小动物都乖乖地低下了头。

"借"不仅是一种思维与行为的艺术，更是生存与成功的绝佳策略。

很多时候，普通人的一百句话比不上专家的一句话。为了证明一款药品功效神奇，一位中老年使用者的话胜过我的一百句话。为了证明我的书好看，世界级的畅销书《心灵鸡汤》作者马克·汉森的一句推荐语，胜过我的一百句话。借用业内专家的语言，演讲的信服力会大大提升。

备人、备课、备方法

· 李燕杰演讲智慧 ·

李燕杰在演讲前,讲究备人、备课、备方法,主要表现为以下六点:

第一点,一定要了解听众是哪些人,他们的心态如何。不仅要了解大环境,还要了解小环境:近来这些听众有哪些活动,有哪些想法,听过谁的演讲,有什么反应,等等。总之,演讲如同打仗,要知己知彼,才能百战不殆。

第二点,在准备过程中,演讲内容可以写成文字稿,也可以只写成一篇简要提纲。李燕杰的习惯是,先打腹稿,形成一个纲目,再选择一些例子为佐证,目的在于有论点、论据,让演讲内容有血有肉。比如，李燕杰从国外回来以后，中央领导让他到中南海演讲，他就设计了这样一个提纲：我们心目中的留学生，留学生心目中的西方社会，西方人士心目中的中国。这个提纲，就是考虑了听众的心态与环境后形成的。以此为纲，把他一路的所见、所闻、所感全部概括起来，很符合听众的需求，效果不错。

第三点，注意服装。演讲者的服装应该得体大方，太洋气了不好，太土了也不行。

第四点，要注意动作和道具与演讲内容的配合。

第五点，不谋万事者，不足谋一事；不谋全局者，不足谋一域。在准备演讲时，我们要考虑到内容的综合效应，要考虑到今天，考虑到明天，考虑到后天……每一次演讲都必须找对口径，找不对口径，你说的话就没人愿意听。

第六点，演讲内容要因人因时因地制宜，若冬天说秋天的话，秋天说夏天的话是不恰当的。

· **李燕杰演讲经历** ·

"'80后''90后'可都不好惹啊！所以我得研究他们。"每一次演讲前，李燕杰都会针对主题和观众群来做准备，每一次准备的内容都不同。有一次给大一新生演讲，李燕杰发现这批大学一年级的同学都是"90后",基本都属马,又想到自己属马,就有主意了。

那天听他演讲的有3000多名学生,一上台李燕杰就这么说:"朋友们,本人78岁,再过两年就是80岁了,属马,1930年的马。请问大家,你们属什么?"立即有学生站起来:"老师,我们全属马。"

李燕杰很深情地跟他们讲:"孩子们,到2049年,我们伟大的中华人民共和国成立100周年的时候,1930年的马肯定都成了过去完成时。但是,孩子们,到那个时候咱们国家搞得好也罢,坏也罢,我老马想负责都负不了。所以,亲爱的孩子们,你们说谁负责?"同学们齐刷刷地站起来说:"我们!"

以马为桥梁,李燕杰很快地拉近了自己与听众的距离,迅速和大家打成一片,现场气氛立刻融洽起来。

演讲结束后,李燕杰收到几封来信,其中一封很特殊。信上第一句话很正常:燕杰老师,我作为"90后",有幸听到您的报告很受教育。第二句话很"90后":李燕杰你别觉得了不得,20年后我将成为第二个李燕杰。

很多人都说,这孩子太不礼貌了。可是,李燕杰却不这样认为,他很欣赏这孩子实话实说、自信满满的态度。这孩子能这样跟他说话说明了一个问题,听了他一场演讲,叛逆的孩子把他当成"自己人"了,李燕杰怎能不感动。很快,他就拿起笔来回信:要做就做第一,不要做第二!杜甫是伟大的,你做第二杜甫，还伟大得了吗？作为 21 世纪的青年人，应该超越自我，超越现实，超越历史，超越常态，超越专家学者。

成杰演讲心法

任何成功的事业，从事之前都需要准备。"出外十里为风雨计，出外百里为寒暑计，出外千里为生死计。有备无患。"无论从事任何事业，都要事先做好思想准备。做一种准备的是凡人，做两种准备的是能人，做多种准备的是智人。人生最大的快乐，莫过于当人们认为你不行时，你却出人意料地做到了别人难以做到的事。

凡事要多想：知人、知事、知情、知时，人有一斤力量，方能提一斤物品，四者缺一不可。

演讲自评五项基本原则

· 李燕杰演讲智慧 ·

李燕杰演讲,无论是面对几百人、几千人或上万人都能泰然自若,为什么?

上台演讲前,李燕杰都要用五项标准来衡量自己。一般来说,符合这五条,一定能胜利。

第一,要讲求增强魅力的原则,即强磁性。演讲者如无吸引力,没有魅力,则很难取得演讲的实效性。

第二,要讲求准确科学的原则,即科学性。演讲要科学、合理地安排好内容,不能违反科学性。

第三,要讲求因人制宜的原则,即针对性。演讲要符合听众需要。为此上台之前要考虑听众水平、人群特点，要有针对性地演讲。

第四，要讲求预见性和前瞻性原则，即超前性。在演讲时，要有预见性，要善于讲出听众意想不到的，起到演讲者先导与领航的作用。

第五，要讲求随机应变原则，即机敏性。听众思想千变万化，演讲人要从情绪、眼神等方面观察听众的思维走向，进而随机应变。一个好的演讲家必须有很强的应变能力。

有了这五条，再加上相应的艺术技巧，演讲一定能成功，所以能泰然自若。这是建立在五项基本原则之上的必胜信念。

· 李燕杰演讲经历 ·

有一次，李燕杰到海外某大学给留学生做演讲。刚下飞机，接待人员就提醒他："燕杰同志，马上进会场，你要小心。会场的人很多，有中国留学生，还有当地学生和本校教授。"

李燕杰淡定地回答："放心吧！"

进入会场后，李燕杰粗略地观察了一下，一边坐的是二十几岁的研究生，个个西装革履；一边坐的是四十几岁的访问学者，都戴着厚重的眼镜。

李燕杰是这样开头的:"别人到你们这儿都说'女士们、先生们',而我把大家称为'同志们'。大家为了祖国的建设同心同德,就是同志嘛,'同志们'是最光荣的称呼!"

听到这,全场响起了热烈的掌声。这就是因人制宜原则的巧妙应用,他让复杂的听众有了一个统一的定义。

接下来,李燕杰讲道:"你们出国之前是不是对祖国有各种不满,你们埋怨国家这儿也不好,那儿也不行?现在,又有什么感受呢?"说完,李燕杰拿出一个学生写的一首诗说:"一名叫金安平的学生,写了这样一首诗,我读给大家听:不管母亲多么贫穷困苦,儿女对她的爱也绝不含糊。我只喊一声'祖国万岁',更强烈的爱在那感情深处!"

读完后,在场不少留学生的眼眶红了,他们离祖国越远越感到祖国亲;越看到别国的科学技术发达越感到肩上的责任重大;越看到事物的复杂,越感到必须学好唯物辩证法。李燕杰前瞻性地预见到,谈国家的情感更能触动在场留学生的心灵。

谈到对国家的情感,李燕杰认为在场的几个四十多岁的教授和副教授肯定有更深的感触,于是进一步说:"同志们,我听说你们几位在加拿大学音乐,我给你们讲个音乐家的故事。贝多芬住在一位公爵的庄园里。有一天,来了几个侵略维也纳的军官,当他们发现大名鼎鼎的音乐家贝多芬在场时,马上就要求贝多芬为他们演奏。贝多芬拒绝演奏,但公爵为了逢迎这些侵略者,强迫贝多芬去演奏。当时贝多芬愤怒得几近发狂,一脚踢开客厅的大门，冒着倾盆大雨回到了自己的住处。来到自己的房间，他刚好看到墙上挂着那幅公爵的画像。贝多芬余怒未消，一把扯下画像，立刻撕得粉碎，然后拿起笔来给公爵写了这么一封信。信中说道：公爵，你之所以被称为公爵，只不过是因为你的出身。我之所以被称为贝多芬，完全是靠我自己。公爵在过去有的是，现在有的是，将来还有的是。但是在整个人类历史上，贝多芬只有一个！历史是公正的，历史也是无情的。公爵在人类历史上没有留下任何的痕迹，但是贝多芬却以高尚的人格、美好的心灵和他那一系列不朽的乐章，在亿万人的心目中树立起了一座非人工的纪念碑！他永远抬着不肯屈服的头颅，高耸在亚历山大的石柱之上。"

李燕杰说完这段话，现场响起了雷鸣般的掌声，下面的几位学者、教授含着眼泪走上讲台和他握手，他的这段话深深地触动了他们心底的弦。

▍成杰演讲心法▍

凡事进入核心，即进入命脉，核心就是命脉！

一切的关键在于核心二字。核心就是根本，核心就是心脏，核心就是灵魂所在。

一扇大门挡住了前进的路，人们用木头撞，用锤子凿，用火烧，用水冲，大门岿然不动，依旧挺立在前进的道路上。这时，细小的钥匙用它灵巧的身体轻松插进了大门中间的锁孔里，咔嚓一声，锁被打开，轻轻一推，大门开了，这就是核心的力量。

进入演讲的核心，就能起到一语定乾坤的效果。

一个身强体壮的男孩试图将一头牛赶进牲口棚里，他用尽浑身力气推它，不停地用鞭子抽打它，大声吆喝它，然而牛站在那儿就是不肯动。一名挤奶女工见状走上前来，她拿着一把稻草放在牛的嘴边，牛就跟着她进了牲口棚。挤奶女工深知牛的习性，她从牛的角度考虑问题，尽量让自己的行为迎合它的习性，所以很轻易地就搞定了老牛的"牛脾气"。

要使听众心服口服，在演讲时切不可违背听众的意愿，采取逼迫或使用威胁的手段要听众接受你的观点。对于牛来说，一把稻草就是征服它的钥匙。在公众演讲中，我们也应该设法找到听众心中的"稻草"，抓住了这个"稻草"，因势利导，自然能引起听众心灵上的共鸣，使双方之间建立起一种融洽的关系。这个时候，他们会很自然地接受你的观点。

凡事只要进入了核心，一切就会变得顺利起来。同样道理，演讲只要进入了核心，一句话就能发挥出无穷的力量，起到一语定乾坤的效果。

读点演讲学著作就能成演讲大师？

· 李燕杰演讲智慧 ·

李燕杰认为，演讲成功的关键在于人的脑子。

人类由动物——类人猿进化而来，那么人与动物的主要区别在哪里？从身体器官上来说，人和动物没有什么本质区别，甚至在某些方面还不如动物。人虽有手，但灵巧度不如猴子；人虽有腿能跑，但速度不如鸵鸟；人上树、登高、游泳都比不上某些动物。为什么人被称为"万物之灵"呢？因为人有一个发达的大脑，人就成了世界的主宰。

人要想表达，就必须有一个健康的大脑。嘴巴之所以被称为智慧之窗，是因为人通过嘴巴传达大脑的内部信息。为此，李燕杰认为,演讲得好与坏,最根本是要看大脑。一个脑子很笨的人,是不能成为演讲家的,一个好的演讲家必须具有一个充满智慧的大脑。

· 李燕杰演讲经历 ·

李燕杰在总结自己的优势时说:"第一,学问是基础;第二,走的地方多了,每到一个城市,必须会写诗,必须会写哲理性散文。"

从李燕杰的演讲和著作中我们可以看到他境界的阔大、眼界的宽广和演讲论题的博大,这不仅与他读破万卷书有关,还与他行万里路、踏遍万水千山、周游世界有关。他到过全球880多个城市,已经将国内的各个城市走遍、讲遍。

1982年中央领导让李燕杰做巡回大使,多次出国演讲。当时,他是中央慰问留学生代表团的首席团员,每年11月他都会在中南海演讲,在圣诞节前出国并在国外过新年,一直讲到正月十六、十七才回国。

每到一处,他都用心学习,深入了解当地的风俗文化、风土地貌、历史传统、政治经济等,不仅增长见识,学习到许多新鲜事物,还拓宽了视野。在李燕杰的演讲中,我们可以发现他的演讲论题都比较博大,都是站在国家、民族、人生、时代的高度来探讨大义、大美、大爱、大智慧，能俯视全局、紧扣时代脉搏。

在他的演讲中，我们时常可以听到许多新奇的内容、新鲜的事例，感受到许多新潮的思想，可以领略到他广阔的视野和开阔的境界。他的演讲不会拘泥于一个狭小的视野，而是放眼四海，在对比中让听众耳目一新、眼前一亮、豁然开朗。

李燕杰不仅读万卷书，行万里路，还结识万般友，拜各家大师。李燕杰说："我三岁见鲁迅，四岁见叶圣陶、丁玲、沈从文、冰心。冰心跟我见过很多次，至少1000次。因为我们同在一个大院住了三十几年。"

成杰演讲心法

提高演讲技能，光靠一些演讲学著作是不够的。李燕杰认为，演讲学著作可读，可不读。

所谓可读，是说要选择那些真正有实践经验，又有一定理论高度的演讲学著作。这种书应有三个特点：科学性、艺术性、实用性。如果有科学性、艺术性，没有实用性，大概也没人爱读，因为读演讲学的目的在于学习演讲。

比如以下著作值得一读：

邵守义创办的杂志《演讲与口才》；

邵守义、谢盛圻、高振远主编的《演讲学教程》；

管金麟、梁遂主编的《演讲学教程》；

郭海燕编著的《实用演讲艺术》；

李燕杰主编的《总有一种方式让你脱颖而出——李燕杰论演讲美学400问》，还有他创办的《教育艺术》这本杂志。

这些书都有一定参考价值。古人讲，尽信书，不如无书。读书过程中还需独立思考。

另外，所谓可读可不读，是说演讲是实践经验的产物，第一个演讲家绝对没有读过关于演讲的书。一个演讲者，要想提高自己的水平，关键在于练。

第四章

不开口便引来膜拜：
李燕杰谈演讲仪态

神州智慧舞新纪
华夏国粹育英才

让聋哑人看得懂的演讲才是好演讲

· 李燕杰演讲智慧 ·

李燕杰认为：演讲不仅靠语言，还要靠肢体动作。在他看来，演讲的内容应和演讲者浑然一体，都要赏心悦目。他能让聋哑人听懂演讲，感动聋哑人，就是因为做到了这点。那么，肢体态势语言在演讲时的作用有哪些呢？

第一，在面对听众时，它可以表达语言无法表达的信息。演讲者的眼神、表情、手势、身体姿态等传达的信息可以更容易被听众所理解、接受。举手投足间，为语言或铺垫或强调或引申，一个眼神，一个挥手，足以直接与听众交流、沟通，引起听众的共鸣。

第二，引发听众兴趣。大部分人都不喜欢表情木然、一本正经的演讲者，哪怕再精彩的内容，都不会让听众提起兴趣。

第三，及时收到反馈，便于调节演讲。凡是演讲大师，都能够在演讲过程中及时收到听众的反馈，了解听众对演讲的反应，从而及时调整演讲方式，达到完美的演讲效果。它也可以暗示或者影响听众，使听众做出积极的反应，调节演讲者与听众之间的关系。

因此，态势语言在演讲中是必不可少的，它能令冗长的内容变得丰富生动，它比有声语言更具有表情达意的作用。态势语言在演讲过程中具有相当重要的意义。

· 李燕杰演讲经历 ·

李燕杰一生有过很多次难忘的演讲，比如给聋哑人演讲。你可能很惊讶，聋哑人怎么能听懂演讲？然而李燕杰做到了。当时，他一上台也觉得很为难，后来给他配了四个哑语翻译。演讲开始后没多久，翻译们就大汗淋漓，李燕杰干脆不用翻译，就用自己的手势、动作、情感来表达思想。聋哑人也不看翻译了，就看着他的动作鼓掌，他们看着李燕杰的口型就能知道他讲的是什么。当时大家都被感动，李燕杰用自己独特的演讲魅力征服了听众。

还有一次，下着大雨，李燕杰在北京大学演讲，1.8万人，李燕杰凭着一腔激情在雨中和大家建立了深刻的共鸣。

在沈阳，李燕杰上台的时候停电了。面对着 2000 多人，没有灯，没有麦克风，他凭着好嗓子，凭着对演讲事业的热爱，用自己铿锵有力的语言及饱满的热情感染大家，使演讲取得了圆满的成功。

记者在采访李燕杰的时候，他时常站在不大的空间里做着手势。他思路清晰，思维敏捷，言语机巧。他充满着无限活力和无穷的智慧，很难想象他已然是一位耄耋老人。

成杰演讲心法

无声语言所表达的意义要比有声语言多得多。演讲展现的是一个人的综合能力，要在有限的时间内把主题思想传达给听众，引起听众的心理共鸣，这是一件很困难的事情。这就要求演讲者除了具有极高的个人修养、优秀的口才外，还要有适当的态势语言来辅助表达。

从演讲者进场到演讲者出场，听众需要通过他的微笑、皱眉、手势、肢体动作等，来理解他所要表达的内容，接受他的情绪变化、他的思想意识。态势语言比有声语言更加真实，因为它直接而有形，比起耳朵听到的内容，人们更相信眼睛看到的。所以，态势语言对演讲的作用非常重要。

你是否知道,观众喜欢有台缘的人

· 李燕杰演讲智慧 ·

演讲者的形象是演讲灵魂的外在表现,你的思想、道德、情操、学识及个性,你的言谈举止、文明礼貌、表情等都会在仪态上表现出来。因此,演讲者一上场就是把自己的形象展示给听众,听众也依据演讲者的形象对演讲者做出大致的评价。

演讲者的外在形象主要体现在容貌和服装两个方面。容貌虽是天生的,但也会随着你的德学才识产生变化,如经常读书的人会让人感受到儒雅的书卷气息,经常发脾气的人会给人不好惹的印象。所以,容貌直接反映一个人的素养,就如古语所言:相由心生。因此,平时要多读些正能量的书,或者做正能量的事，让自己成为一个充满正能量的人，这会给你的演讲加分。

服饰方面自然是以干净、简洁、利落为主，不穿奇装异服，不戴夸张首饰，不邋遢，一般都会给人好印象。

其次是举止和礼仪。高明的演讲者从上台那一刻起就会特别注意自己的一举一动，无论是举手投足还是文明礼仪，都会尽量给人留下完美的印象。

李燕杰认为演讲者走上讲台之后，要这样要求自己：有状态、有神韵、有意境。

要有演讲家庄重而又谦逊的状态。

要有艺术家美妙而又质朴的神韵。

要有诗人深邃而又引人入胜的意境。

形成个人的独特风格，包括自己的语言、声调、手势、情态。

要真！使真走近听众！

要善！使善走进听众！

要美！使美贴近听众！

使这三者互动、互补，形成一种演讲的美学、铸魂的艺术。

· 李燕杰演讲经历 ·

李燕杰晚年重病在身，他应邀去北京大学参加一场公众演讲。当他一身浅灰色西装夹着一个大公文包精神抖擞地走进教室时，学员们都以为他是某个大企业的董事长。他花白的半长头发时尚又潇洒，身材微胖却健硕，双目炯炯有神，好个神采奕奕。他就是这样，只要有演讲，便如将军出征，又如演员登台，非要精心打扮一番不可。

让学员们意外的是，他到场后的第一件事竟是发名片，名片上写着：青年之友，青年是我师，我是青年友。学生是我师，我是学生友。像他这样的名人，别人向他索要名片都来不及，他竟还主动发。而他主动发名片的理由很简单，大家来听演讲，就是朋友，朋友有需要他帮助的，他就会尽力，有了他的名片，找他就方便多了。

在演讲过程中，他又拿出三幅头天晚上写的字，一幅赠给了回答他问题的学员，一幅赠给了上台演讲一分钟的学员，一幅赠给了一位美丽的女学员。得到书法的学员高兴极了，没有得到的学员羡慕极了。在课堂的一片纷乱中，李燕杰说，再要就得向他索字了，他可是有求必应的。同时他又说，这也是演讲的技巧，以此取悦听众，换取听众情感上的认同，可以迅速拉近演讲者与听众间的距离。

讲课结束时，意犹未尽的李燕杰以9分半钟的《红楼梦》片段作结。李燕杰的朗诵充满了诗情和激情，仿佛他就是林黛玉的化身，林黛玉在李燕杰的个性描述中以另一种形式出现。当他眼中噙着泪花结束朗诵时，是长时间的静默，然后才是经久不息的掌声。

李燕杰的演讲始终热情洋溢、内容丰富，声声入耳尽显一代演讲大师的风范。学员们心灵上感受到深深的震撼。

李燕杰的演讲，看似即兴发挥，实际上却要经过两三天时间的精心准备。他说，每一次演讲，都是不一样的听众，不一样的时间地点，不一样的心情，这也就决定了每一次演讲即使主题一样，内容也绝不雷同。

成杰演讲心法

听众永远不会给我们第二次机会来建立第一印象。

演讲者从后台走到讲台站定后，虽然还没有开口，但从他的走姿、手势、站姿、表情等，听众已经对这个演讲者有了第一印象。无论是在日常生活中还是在演讲中，第一印象往往会直接影响别人对你的评价，因此，第一印象不得不重视起来。

一个有魅力的演讲者，是通过刻意训练练出来的。

平常可以有意识地锻炼走姿，克服一些不雅的习惯，如驼背、缩脖子、扭胯、摇摇晃晃、走路踢踏等。通过坚持练习，可以增加上台后的魅力，平时看人眼神要正，不要左顾右盼、上下漂移。

无论如何,都要像青松一样挺立

· 李燕杰演讲智慧 ·

纵观古今,但凡成功的演讲家都是站立着演讲的,无论是国家元首还是政府要员,只要演讲,就一定要站立。因为站立既可以展现演讲者的精神风貌,又可以表达对听众的尊重。

演讲者站在台上,要像青松一样挺立,要自然大方,不能呆板拘谨,无论何种动作,都要给人以流畅的美感。

高尔基赞扬列宁的演讲时说:"他站在讲台上的整个形象,简直就像一件古典艺术作品,什么都有,然而没有丝毫多余,没有任何装饰。"

站着演讲要体现出一种体态美,不掉肩、不斜背,两脚间不能靠得太拢，也不宜跨得太开。不扭身体，也不能过分地侧向一方而背对场中另一方，否则会让听众感觉你有所偏袒，不一视同仁。

站着演讲，态势动作才能自如，才能给人一个完整的形象，才能给人美的感觉。曲啸老师在没有病倒之前，有时会一天站着讲四场。他说："听众就是演讲者的镜子，而且是多棱镜，从各个角度来反映演讲者的形象。演讲者的体态、风貌、举止、表情都应给听众美的感受。要想从语言、气质、体态、感情、意志、气魄等方面充分地表现出演讲者的特点，也只有在站立的情况下才有可能。"

站立演讲并不是容易驾驭的，很多演讲者会因为站着而产生巨大的心理压力，从而导致发挥失常。这是因为站不出体态美的缘故，站姿不好，自己会感到别扭，听众也觉得别扭。那么究竟应该怎样站，才能展现出体态美呢？

站得要直立，后脑勺、肩、臀、脚后跟尽可能在同一条直线上，两肩要平，两脚、地面三点一线要基本垂直。切忌弯腰驼背、塌腰挺肚。

站得要稳重，身体重心放在脚上，切忌依靠讲台等支撑物，更不能随便把手插入衣服口袋内，给人留下懒散的印象。

站得要振奋，一脚在前一脚在后，重心放在前脚，身体稍微前倾。这种站姿会让人觉得很振奋，很有力量。

站得要自然，挺胸收腹，臀部向内向上收紧，两腿直立贴紧，两脚并行，分开 20 厘米左右。这样的站姿会给人注意力集中、精神抖擞的印象。

· 李燕杰演讲经历 ·

2013 年 8 月 10 日，李燕杰在昆明一中做了一场《演讲铸魂与中国梦》的专题演讲。考虑到李大师已是 84 岁高龄，主办方让他坐着讲，可李燕杰硬要站着讲，李燕杰在台上走来走去、谈笑风生、声音洪亮，两个多小时的演讲赢得了阵阵掌声。谁也不会想到，李燕杰竟是一位身患癌症十年的患者。

2004 年，李燕杰罹患晚期癌症，医生让他多休息，可他依旧不知疲倦地工作，乐观豁达地面对命运的挑战。有人问他："您看起来真不像 75 岁并身患癌症的人！到各地演讲这么劳累，您是怎么保养身体的呢？"

他回答："最实在的保养就是不保养，这是我父亲说的。他一生不吃营养品、不锻炼，遵守生活规律，活了 100 岁。我的生活好像是不规律的，其实不规律本身就是规律。我最忙的时候，一天睡 2 小时吃 8 顿饭，精神头还很足。每次到国外去演讲，从来不用倒时差。'文革'后，我已经演讲了 6000 多场，到了全球 880 多个城市，国内只有台湾和西藏没去过。"

无论健康还是不健康，都要做最好的自己。两个"十大"

转变，虽然只是一句话，但其间人生经历的峰谷转换，却非一般人可以想象和承受得了的。李燕杰却于谈笑风生间轻描之、淡写之、泰然待之、安然处之，一切都在不经意间洋溢着对生命的大热爱和对生命的大热情。

2013年10月31日，李燕杰再次受邀到山东省枣庄市第一中学为3000多名师生做励志教育演讲。演讲中忽然下雨，84岁高龄的李燕杰依然冒雨演讲。两个多小时的演讲，他始终奉行30多年前定下的"不坐着、不喝水、不拿讲稿、不中途休息"的"四不"原则，他以高昂的激情给师生们深深的震撼，再次创造了演讲史上的奇迹，用实际行动诠释了他对教育艺术的不懈求索。

成杰演讲心法

古语言：坐如钟，行如风。站着就应该像松树那样端正挺拔，展现出一种静态美。站姿是可以训练的，如平时背靠墙站着，尽量让头、两肩、臀部、脚后跟等贴着墙，每次争取站十分钟左右，长此以往就可以站得直且有精神。

其次就是面部表情。微笑是我们给听众最好的"见面礼"，微笑是一件无往不胜的利器，它可以给人以最大程度的亲和力。微笑时可以想着快乐的事情，或者用嘴咬一根筷子，眼睛盯着一点，尽量不动坚持一分钟，眉头要展开，眼角、腮、嘴角都横向拉开，放松肌肉，发自内心地微笑，训练一段时间后就会变得很自然。

动比静更容易使人感同身受

· 李燕杰演讲智慧 ·

大千世界,仪态万方。动态美给人印象最深,动比静更容易使人感同身受。

心理学家认为,懒散的姿势、缓慢的步伐表现出的往往是我并不怎么以自己为荣,表示着此人对自己、对工作及对别人有着不愉快的感受。走起路来比一般人快的人像是在告诉全世界:我要到一个重要的地方去做重要的事情,而且我会做好。因此,在走向演讲台时,我们可以借着改变姿势与步履速度,改变心理状态。以一种兴冲冲的姿态出现在演讲台,你会感到自信心在增强,台下的人也会感受到一种自信的力量。

· 李燕杰演讲经历 ·

有位记者采访李燕杰,在与李燕杰的交谈中,记者始终被他的热情洋溢与广博知识深深地打动。李燕杰说,他没想当旅行家,却到过世界880多个城市;他没想当诗人,却写下了3000多首诗;他没想当书法家,却为海内外人士写了2万多幅作品;他没想当社会活动家,却有800多个社会头衔。他是人们公认的演讲家,20多年来,他在"地球村"演讲了6000多场……

他生活忙碌,但他的不同之处在于能将别人喝咖啡的时间用来储备知识。每天这么多工作,这么忙碌,他却有违反生命规律般的年轻。说到不老,他形象地说:"西医说人老从头开始,而我给年轻人演讲从不带稿,老得用脑子,所以头老不了;中医说人老从脚开始,我演讲时从不坐着,几个小时来回走动,所以脚老不了。抓两头带中间,总也老不了。"

李燕杰66岁那年,有人告诫他说66岁时一定要小心,中国人怕73岁、84岁,还说66岁时要掉一块肉。李燕杰不信。有一天他在市委开会,开着开着,右眼就看不见了。一出门,总是看到重影,来个小卧车变成两个,来一个人变成一对。

他到同仁医院、协和医院、301医院、北京医院都转了一圈,结果医生说:"李先生,你的右眼治不了啦,矫正也矫不了啦,估计要瞎。你别难过,你别着急,你别紧张,你别悲观。"李燕杰说："医生，你放心吧！我瞎了一只眼算得了什么，走到台上往台下一看，就可以做到一目了然。"医生一乐："这就好了。"

2004年，李燕杰罹患癌症，医生让他休息，可他依旧不知疲倦地工作，乐观豁达地面对命运的挑战。病中的他一直保持着平和的心态，既来之，则安之，泰然待之，安然处之，一切顺其自然，让正气压倒邪气，用正风压倒邪风。他总是这样对人说："我是个年轻的老人，健康的病人！"

拖着病体，李燕杰依然满中国飞来飞去演讲。当知道李老师身患重症时，学员们都齐声要求他坐着演讲，他却不以为然，说演讲家最好的归宿就是演讲台，真正的演讲家要站着讲到他生命的最后一刻才是最完美的结束。大家深受感染，一次又一次为他热烈地鼓掌。

他把每场演讲都当成第一场，又当成最后一场对待，绝不苟且。在演讲的空隙，他还坚持写作。或许是上苍青睐这位勤奋的仁者，就在几本鸿篇巨制完稿之际，他的病情也渐趋稳定。

成杰演讲心法

子曰："参乎，吾道一以贯之。"他的"一"是什么呢？是终极美好的"一"，是世界事物的本质，抓住了这个"一"，其他任何东西都会水到渠成。对于演讲家来说,这个"一"就是练习,只要掌握了练习的奥秘,成为演讲家就不再遥远。

如果说站立是一种静态美,那么走路就是一种动态美。优雅、稳健、敏捷的步伐会让人感到心旷神怡,给人以积极向上的正能量。演讲时要优美地行走,就应该注意以下几点:

○在走路时,上半身要微微前倾,以腰带动腿再带动脚。

○迈腿时,首先膝盖要伸直,这样才能让腿伸直。

○前进时目光要直视,上身要挺直。

○落地先让脚跟触地,注意力都应该放在脚跟上。

○保持节奏感。步子大小、速度快慢、双臂摆动,都要保持一定的节奏感。

○注意方向感,不要摇摆不定。

演讲仪态中最重要的是手势,如上举、下压、平移、握拳、伸掌、翻转等,再精彩的演讲内容也离不开手势的配合。古罗马一位雄辩家说过:"一切心理活动都伴随着指手画脚等动作。双目传神的面部表情尤其丰富,手势恰如人体的一种语言,这种语言甚至连最野蛮的人都能理解。"

下面我们来详尽地说一下手势在演讲中的作用。

手势在演讲中可以增强语言的力度、信任度,可以让自己的表达更精彩、更生动,而且可以起到吸引听众注意力的作用。

演讲中,你的手势自然平稳,有助于你平静地说明问题;

你的手势急剧有力，有助于升华你的感情。

那么在演讲中手势应该怎样用呢？

第一种，指示手势。此类手势可以明确指示在场的人、事、方向，如我、你们、这边、上面、这些、这一个等，也可以指一些听众不能看到的，如在很久很久以前、在遥远的地方等。

第二种，模拟手势。模拟手势就是用手势做出事物的形状。比如双手成一个球形，就是大桃子；放在左胸做心形，就是情意的表达，等等。虽然有一定的夸张成分，但是却可以使听众兴趣盎然。

第三种，抒情手势。抒情手势是用来表达情感的，或挥拳或拍手。微软前总裁史蒂夫·鲍尔默演讲时，会攥紧拳头像疯子般满台奔跑，会扭曲脸部肌肉到难以想象的程度，有时甚至会撕裂自己的声带。这种演讲方式很有效果，听众的情绪很容易被他所感染。2013年9月26日，鲍尔默在微软全体员工大会上发表了告别演讲。讲到最后，他情难自禁，流下了眼泪。在场的1.3万名员工，不约而同地起立，为他鼓掌，观看现场视频的2.5万名微软员工中有不少人跟着流下了眼泪。

最后，一定要注意，不要做太多的手势，因为这样会分散听众的注意力。任何动作都是为了和语言配合，自然就是最好的。如果动作和语言配合不默契，说明你对自己的演讲没有信心。因此，动作必须与演讲的内容、思想主题、你所表达的情感、面部表情等协调一致。

演讲前后都需要做好鞠躬礼,这是最基本的礼节。鞠躬时要站如松,眼睛看着听众,面带微笑。演讲前上身弯下20度左右,演讲后上身弯下90度左右,视线要随之下移。

一场完美的演讲需要从多方面综合着力,演讲者的仪态对演讲者的气质风度非常重要,做些形体训练还有助于身心健康,因此演讲者要经常注意纠正错误的仪态,从容地运用肢体语言为个人增添魅力。

声音、微笑、眼神、表情、肢体动作都是靠肌肉来支配的,练口才,还要练肌肉。面部肌肉决定着你的面部表情,面部表情决定着你带给听众的直观感受。手臂肌肉决定着抬臂挥手的肢体动作,抬臂挥手的肢体动作运用得好,能传达给听众自信、可信赖的情感。

在进行肌肉练习的时候,一定要注意细节。眼神练习中,眼角的动作,眼珠的停顿时间;肢体动作练习中,手的高度、挥舞的力度、脚叉开的角度等,差之毫厘,失之千里。

演讲三情：真情、热情、激情

· 李燕杰演讲智慧 ·

李燕杰说，演讲家的激情犹如诗人的诗兴、艺术家强烈的创作欲望。当他对某一事物的认识和理解达到成熟的时候，当他被所见所闻点燃内心激动火焰的时候，他"血脉贲张、心动神驰""情思意绪、生机勃然"，他"寂然凝虑，思接千载；悄焉动容，视通万里。吟咏之间，吐纳珠玉之声；眉睫之前，卷舒风云之色"。感情激动了，自然"思风发于胸臆，言泉流于唇齿"，这样的演讲，才能使"快者掀髯，愤者扼腕，悲者掩泣，羡者色飞"，才能使"怯者勇，淫者贞，薄者敦，顽钝者汗下"。

古人云："**情不深，则无以惊心而动魄。**"

演讲者没有真挚、强烈的情感，没有鲜明的爱憎，没有鱼鲠在喉、不吐不快的冲动，是不可能用他的语言力量去征服听众的。当演讲家的心和人民的心一起跳动时，他的演讲才有人民性；当演讲家的脉搏与时代合拍时，他的演讲才有时代性。

人的情感是人内在能量的宣泄，它应当体现真善美，应显示人与人之间的真情。没有真情，生命之树就会在时间的涛声中枯萎，心灵之壤就会在季节的变奏里荒芜。人与人之间的真情，是人与人之间事业的纽带。

真实的人总是敞开自己，希望更多的人了解自己；虚伪的人总是封闭自己，他们从不懂得人间确有真情在。

一个好的演讲家，应当是一个懂得爱的人。一个只爱自己的人既不能奉献，也不能得到爱，这种人更不可能成为好的演讲家。

人与人之间的真情，应如盐溶于水中，不能像油浮于水面。

· 李燕杰演讲经历 ·

有人说李燕杰是 20 岁的激情，40 岁的心态，60 岁的容貌。李燕杰仍保持着年轻人的气质，总有一股纯真之情，这都是因为冰心的《寄小读者》中有这样几句话，给他留下了十分深刻的印象：

她（母亲）的爱，使我由生中求死——要担负别人的痛苦；使我由死中求生——要忘记自己的痛苦。生命中的经验，渐渐加增，我也渐渐地撷到了生命花丛中的尖刺。在一切躯壳和灵魂的美丽芬芳的诱惑之中，我受尽了情感的颠簸；而"到底为谁活着"的观念，也日益明了……

从这些真情的话语中，李燕杰悟出一个道理：人生在世，把自己的喜怒哀乐置之度外，人就变得较为超脱，心境也就变得较为安详，这样就可以保持自己的赤子之心、纯真之情。

李燕杰每天坚持读书、读报、讲故事、聊天。他的家中订阅了很多报纸、杂志，每天他都会安排时间读书看报。看只是一方面，李燕杰把重点放在读上。首先他将报刊浏览一遍，挑出重要新闻和趣闻逸事，然后有声有色地朗读给老伴听，有时老伴不在家，他也照读不误。他读报的声音不是很大，自己能听清就好。他认为这样朗读可以让嘴、耳并用，有益于健脑。

此外，他多年来一直坚持回到家里后给老伴讲他在工作和活动时发生在身边的事情。如果他去了外地，回来后更要把所见所闻详细地讲给老伴听。李燕杰说，这样做，一则夫妻互相交流，可以增进彼此的感情；二则可以通过回忆发生过的事情，让大脑主动干活，逼着它运动。

更有趣的是，李燕杰还抓住晚辈们回家看望他的机会，主动和儿孙们谈古论今，议论时事。

每当这时,李燕杰就会打开记忆的大门,启动搜索往事的引擎,滔滔不绝地讲起来,讲到好笑和有趣的地方,还会情不自禁地和晚辈们一起开怀大笑。那抑扬顿挫的话语及聊天时的反应,与年轻人相差无几。

成杰演讲心法

日本经营之圣稻盛和夫提出了一个著名的"稻盛成功方程式":事业的成功 = 思考方式 × 热情 × 能力。在成功的三要素中,他最看重热情,他认为内心不渴望的东西,就不可能靠近自己,一个人能够实现的只有他内心渴望的东西。要想成功,必须对你的工作充满热情,有热情才有干劲,如果整日昏昏沉沉、提不起干劲,又怎能做好工作呢!

比尔·盖茨曾说,"我们公司的文化核心就是激情文化,员工必须要有激情,才能全身心地投入到工作中去,而技巧是可以培养的……"微软公司的创办正是源自于比尔·盖茨的"不做就一辈子都不会甘心"的创业激情,为此他放弃了学业,全身心地投入其中,最终成功创办了大名鼎鼎的微软公司。

在公众演讲中,演讲者富有激情才能带给听众激情,才能带给听众巨大的鼓舞和震撼,才能够让听众受到极大的感召。那么,伟大的演讲如何才能做到激情四射呢?

有人说，所谓激情就是演讲的声音大；有人说，所谓激情就是演讲者的表情、动作足够夸张。这些全都对，也全都不对。声音、表情、动作都是激情的表象，真正的激情来自于内心，只有发自内心的激情才能让你的声音、表情、动作等表达出真情实感，而不是矫揉造作，唯有如此的激情才能给人一种猛烈的、难以抑制的感觉。

第五章

为什么你说话人人愿意听：

李燕杰谈演讲技巧

子貢經商取利

不患寡而患不均

言富必先仁

情理结合，激发共鸣、共识与共振

· 李燕杰演讲智慧 ·

一时成败在于权和利，千古成败在于情和理。一无钱，二无权，为什么李燕杰的演讲还能受到欢迎？

一靠情——真情，二靠理——真理。二者结合，必然产生良好的效果。

情，要体察民情，将心比心，从群众的切身利益出发。

理，要实事求是，以马列主义为指南，结合群众实际把道理讲通。

听众就是上帝，演讲人如果照本宣科，上帝必然无感，想要赢得听众就要从听众的切实需要出发，让听众产生心灵上的共鸣。所谓众口难调，一千个读者眼里就有一千个哈姆雷特，听众亦是如此，怎样才能赢得更多听众的喜爱呢？

李燕杰的演讲，基本上能做到雅俗共赏。同时，他还主张要看对象，该高则高，该低则低。低的目的，是求得共鸣、共振、共识，但绝不低俗，更不庸俗。当然，所谓高，也不是故弄玄虚，而是实现一种理想与追求，或者说与听众共同探求并实现一种渴望。

演讲人与听众，听众与听众，各自生活在各自的时间、空间里，每个人的经历与知识乃至素质都各不相同，在不同之中必然存在一定的距离。

演讲人如导演，他需要一个黏合力，要用内容、形式、语言，用各种艺术手段进行调节，不仅要缩短演讲人与听众的距离，而且要拉近听众与听众的距离，使他们能产生共鸣与共振。

· 李燕杰演讲经历 ·

当年在杭州演讲时，李燕杰刚要发言，来了一个戴大盖帽的公安人员走到他跟前，"啪"地敬了个礼，递上一张卡片："尊敬的李教授，我刚从西湖捞上来一名因失恋自杀的女大学生，她换好衣服来听您的报告了，请您多加关照！"

李燕杰立即懂了，是想让自己帮助她。可是，人在哪里呢？李燕杰扫了一下台下3000多名大学生听众，立刻就判断出来了。为什么知道她在哪里呢？因为别人都抬头听报告，只有那个女孩耷拉着脑袋，一边坐着男警察，一边坐着女警察。

可是，怎么帮？

如果这么帮："同志，你是大学生，至少是共产主义青年团团员，你怎么能因失恋自杀呢？自杀是一种叛党行为！"行吗？不行！

换一个方式："小姐，我告诉你，人生在世，其实不过是吃喝二字嘛！好死不如赖活。"行吗？也不行！

李燕杰向来主张以宏观看中观，以中观树微观。宏观、中观、微观三结合，才会产生奇特的效应。

这时，他看了一下大学生们，说了三句话，第一句："同学们，在人类历史上成就伟大事业的不是那些幸运星、宠儿，而是那些遭到诸多不幸能够发奋图强的苦孩子。"全场鼓掌了，这话对你、对我、对他都有点作用。

第二句中观："失恋可不能失志，有所失往往就有所得，得到的往往比失去的多得多！"大学生们又鼓掌。

接下来，他看了这个女孩一眼，说了第三句微观的话："告诉你，如果我是你的话，我就对那个男青年说：'嘿，你不爱我，我还不爱你呢！为你死，没门！咱们走着瞧。'做生活的强者，敢于向命运挑战。"女生抬起头，再也没低下，这时全场起立鼓掌。

成杰演讲心法

演讲家罗素·康威尔认为，成功的沟通，有赖于演讲者使其演讲成为听众的一部分，并使听众成为他演讲的一部分。实现台上台下内心的共鸣是公众演讲的基本要求，可台下听众的注意力又是最容易被其他事物分散的，领袖在进行公众演讲时，应做到一句话抓住听众的注意力，进而打动他们的心。

走进心灵去沟通,大实话最动人

· 李燕杰演讲智慧 ·

赢得群众信任,关键在于诚。你一个人在台上讲,但却有1000人在台下听,也就是有2000只眼睛在看,2000只耳朵在听,你想说假话,想骗人,是不行的。一个演讲家,首先要讲真话,讲实话,不能讲一句假话。

英国公关协会要求:传播信息应当真实、准确。

美国公关协会要求:应以高品位与真实无误为尺度。

演讲家、公关人员工作目的在于说服群众,赢得群众。因此,必须真诚、真实,不得说假话,更不得哗众取宠。

为了推销伪劣产品,必须说假话的人,必然是伪劣的人。

伪劣的人，不可与其谋事。在进行演讲时，要基于一颗真诚的善心。

诸葛亮说："我心如秤，不能为人低昂。"

韩愈说："仰不愧天，俯不愧人，内不愧心。"

这种不为人低昂和三不愧的精神，是一个正直的教育艺术家教书育人的基本法则。如稍有背离，其恶果便是台上你讲，台下必然讲你。

离奇的故事，是可以编造的。事业与真诚，是无法虚构的。

说假话，是一种活法；讲真话，也是一种活法。真诚，重于厚重的礼物；诚实，胜过珍奇的瑰宝。

唯有真诚，才能心心相印；唯有理解，才能两情相融。真诚的感情交流，有时远远超过沟通的艺术。

· 李燕杰演讲经历 ·

李燕杰说："我认为作为四五十岁的人，就应当把二三十岁的人看成自己的亲生儿女。首先要真诚地爱护他们，有了这种爱才会有耐心，才会把自己的时间、精力用在他们身上，才不会感到厌烦。"

演讲家也是教育家，不是死板的说教，而是一种行为指导，不走进群众就不会发现问题，多和群众接触就能找到问题的根源和解决办法，就能在演讲时直指人心，走进群众的心灵。

李燕杰说："空洞的说教和让普通人听不懂的大道理，只能入耳不能入心。为青年人的发展着想，为青年人在迷茫中指路，说的都是青年人最关心的事，讲的都是青年人的心里话，这样才能走进青年人的心灵。"让听众入座入耳，才能入脑入心。

一天晚上，李燕杰刚从夜校上完课回家，一名青年从他后面追上来要和他谈心。这名青年身穿大红衬衣，肩上挂着西装背带，脖子上戴着一个耶稣像的十字架，李燕杰心里对这个青年的思想现状明白了七八分。

青年非常诚恳地表示想要拜李燕杰为师，学好文学和外语。李燕杰见他态度真诚，就和他谈起心来，于是一连串的发问开始了……

李燕杰："你为什么要戴这个十字架呢？"

青年："你是搞中国古典文学的，还懂这玩意儿？"

李燕杰："你真把我看扁了，我要连这个问题都答不上来，今儿个我不就栽倒了吗？"

青年一听就笑了。

李燕杰说："你不是在学外语吗，我问你，圣经这个词，用英语怎么说？"

青年："……"

李燕杰："Bible，你挂十字架，会念祈祷词吗？"

青年:"不就是阿门吗?"

李燕杰:"不对。'我们在天上的父,愿人都尊你的名为圣。愿你的国降临,愿你的旨意行在地上,如同行在天上。我们日用的饮食,今日赐给我们。免我们的债,如同我们免了人的债。不叫我们遇见试探,救我们脱离凶恶。因为国度,权柄,荣耀,全是你的,直到永远,阿门!'这才是完整的祈祷文。"

李燕杰:"你读过《圣经》吗?《圣经》里都讲了些什么?"

青年:"不知道,没读过。"

李燕杰就把《旧约全书》和《新约全书》的主要内容给青年讲了一遍,转而又谈到美的含义。为了让青年更好地理解美的含义,他打了个比方:"有个姑娘长着一双水汪汪的大眼睛,笑起来还有两个小酒窝,表面看,挺美。可是有人告诉你,她就爱在电车上干这个(做了一个扒手的动作),你还认为她美吗?"

青年:"内外不一致,不美。"

李燕杰:"有这么一幅油画,一个修女,外表给人一种肃穆的感觉,内心对耶稣很虔诚,胸前挂着一个十字架,你觉得美吗?"

青年:"内在虔诚,外在肃穆。内外相和谐,对基督徒来说,是美的。"

李燕杰:"那么阁下,既不懂耶稣教,又不信耶稣教,胸前挂着十字架,你美在哪儿呢?"

青年:"李老师,我以后不戴了……"

成杰演讲心法

讲任何主题，李燕杰都会用最贴近人心的语言表述出来，他每到一地便会研究当地文化，找贴近点。一次，在德国讲贝多芬，一讲完许多德国人哭了，他们说，那一瞬间，李燕杰就是贝多芬……

真诚是打开心灵的钥匙，在与人沟通中，真诚可以浇灭对方心中的怒火；真诚可以化解双方之间的矛盾；真诚可以赢得对方的好感；真诚可以获得对方的信服。真诚地交流，获取信任；真诚地关怀，温馨芳香；真诚地赞扬，催人向上；真诚地合作，赢得成功。人与人之间的相处，靠的就是真诚地心灵沟通，只要多一点真诚，少一点伪善，人与人的关系就会变得非常和谐。

美国有线电视新闻网著名的脱口秀主持人拉里·金被美国前总统奥巴马称为"广播界的一名巨人"，他是美国公认的主持奇才。他在主持《拉里·金现场》的25年间，共采访过5万余名社会人士，他们上至总统、下至贫民。拉里·金在世界广播电视界创下了主持"同一频道、同一时间、同一节目"最长的历史纪录，堪称世界广播电视谈话节目发展史上的传奇。

很多人不知道的是，拉里·金在第一次做电台主持时，他的表现并不像后来那样好。

"早安！这是我第一天上电台，我一直希望能上电台……

我已经练习了一个星期……15分钟之前他们给了我一个新名字……刚刚我已经播放了主题音乐……但是,现在的我却口干舌燥,非常紧张。"拉里·金结结巴巴地说了一长串,却还没进入主题。这次播音结束后,拉里·金觉得这个节目完蛋了,可出乎他意料的是,听众并没有因为他初来乍到的紧张而厌恶这个节目,而是纷纷表示他的节目很真诚。

"只要说出心里的话,人们就会感受到你的真诚",拉里·金慢慢地摸索出了这个道理,并一直坚持把这个道理运用到工作中。后来,拉里·金写了一本有关沟通秘诀的书,书名叫《如何随时随地和任何人聊天》,他在书中强调了这样一句话,"投入你的情感、表现你对生活的热情,然后,你就会得到你想要的回报。"这便是拉里·金在奋斗的道路上所体悟出的成功秘诀,它也是每一位用心经营自己的人最为有用的成功指引。

在公众演讲中,很多人不喜欢直接表达自己的情感。他们觉得对讨厌的事情表现出愤怒,对高兴的事情表现出喜悦,都会失去自己在听众心目中的权威。其实,事实截然相反,"感同身受"是人心与人心之间联系的纽带,如果你有意识地将情感融入你的观点中,听众会觉得你不刻意、不做作、更真诚,听众将更容易且更乐意接受你的观点。当演讲激起了情感上的共鸣时,演讲就真正进入了听者的心里。

恰如其分的语言可以柔克刚

· 李燕杰演讲智慧 ·

李燕杰有一些关于讲话的心得,主要有十点:

第一,讲话是走向社会的第一才艺。

第二,讲话是推广自己的第一技能。

第三,讲话是企业发展重要的生产力。

第四,讲话是走向成功的第一步,是第一张名片。

第五,会讲话往往比戴首饰重要。

第六,讲话是一种艺术,形成艺术才有魅力。

第七,不敢讲话、不会讲话,在社交中寸步难行。

第八,舌头是一种武器。

第九，讲话沟通，是智慧的体现。

第十，讲话要因时制宜，因事制宜，讲话要当行则行，当止则止。

一言可以兴邦，一语可以误国。语言的力量是巨大的，比武器还要有力。演讲家就是要用自己的语言来宣扬真善美，抨击假恶丑。演讲家要懂得循循善诱，而不是尖刻犀利。

赠人以言，重于金石珠玉。

无论是演讲、讲课、谈话，李燕杰总是极力做到"清风能感水能化，修竹有情兰有怀"，"随风潜入夜，润物细无声"。

不仅要征服对方，而且在征服的过程中不引起对方反感，甚至让对方愿意被你征服，这就是李燕杰独特的魅力。要想做到润物细无声，就需要有一个与人为善的态度，要善于为对方着想，即换位思考。俗话说"将心比心"，李燕杰总结出了三点经验，以便能够做到以柔克刚，让语言发挥出美的力量。

第一，言之有情，要以关切、爱护之情进行演讲。如果听众已经十分消极了，就更要有耐心，要劝勉，又要劝慰。

第二，言之有物，要讲事实、要言之有据。善于借助事物给人以启示，不要言之无物，不要空洞说教。

第三，言之有文，讲话要有文采。言之无文，行而不远。内容与形式统一，方能奏效。

李燕杰演讲经历

在天津的一场 3000 人的大型报告会上，李燕杰第一个登台。那天，他刚上台就有人递上条子，很明显来势不善：李燕杰，请你回答，如何看待苏联和东欧风波？如何看待老齐同志（尼古拉·齐奥塞斯库）之死？

这个大问题在政治敏感时期实在很难回答。李燕杰在大学里一直教中文，怎么知道齐奥塞斯库该不该死呢？可是，面对 3000 名大学生，答也得答，不答也得答。

反应灵敏的他马上想出了两句话："远望方觉风浪小，凌空乃知海波平"。就是说你应该站得高一些，看得远一些。翻开人类历史进程，每次遇到重大转折的时候，总会发生各种政治风波。英国也好，法国也好，复辟、反复辟斗争层出不穷。所以，在政治变革中发生一些变况没必要惊惶失措、大惊小怪，一切交给时间就好了。

刚回答了问题，马上又有人递上了条子，更加来势不善：李燕杰，请问共产党这面红旗能打多久？又是直呼其名，又是不得不回答的尖锐问题！如果顺着他的方向，无论说出的数字多大，都是不对的。

于是，李燕杰再次抛出了两句："山阻石拦，大江毕竟东流去；雪辱霜欺，梅花依旧向阳开"。国际共产主义运动虽然遇到了山阻石拦，但它如同长江大河，最终都会向东奔腾流入大海；雪辱霜欺，到一定气温的时候，梅花必定向阳开放。

短短几十个字，言之有物，言之有文，凭着机智和变通，李燕杰轻松应对了刁钻问题。

成杰演讲心法

善言使人笑，恶语使人跳。语言的力量比我们想象中还要大。在第二次世界大战中，人们曾经把舌头、原子弹、金钱视为竞争的三大战略武器；如今，人们又把舌头、美元、电脑作为竞争、成功的三大战略武器。第二次世界大战已经过去了半个多世纪，但在信息高度发达的今天，在新的三大战略武器中，舌头在三大战略武器之中仍居于首位。

我们的人生就在我们的语言中，习惯使用吉祥的语言，人生就会吉祥如意。你习惯使用吉祥的语言，你周围的一切都是正面的、向上的、向善的，你的人生自然会顺利。相反，如果你满嘴脏话，你的面孔自然会很恐怖，周围对你的回应也就是负面的、向下的、向恶的。

人类的每一次进步，都离不开语言开路。在电影《建党伟业》中，我们能看到很多公开演讲的镜头。当时的中国风雨飘摇，同时存在着封建复辟、民主共和、共产主义多种思潮，哪条路才是真正的救亡之路？真理就在一次次公众演讲、一次次针锋相对的激辩中浮现出来。

　　乌云密布的时候，一米阳光就足以划破漫天黑幕；一个人绝望的时候，一句鼓励的话可能就会改变一个人的人生；众生陷入迷茫的时候，先知的一句开悟或英雄的一语振臂高呼，就可以起到巨大的作用。这就是一语定乾坤！

有意识地说出别人无意识的话

· 李燕杰演讲智慧 ·

李燕杰在演讲中，为了化消极因素为积极因素，他总是尽力发掘听众的优点。发现好的，值得赞扬的，不妨给予赞扬。当然，这种赞美绝不是虚伪的恭维与讨好，也不是阿谀奉承，而是对人格和人生价值的肯定和赞扬。其目的不是为了自己，而是为了听众，使他们肯定自己，增强自信。一句好话，就可以温暖一个冬天。

赞美的语言要中肯、适度，恰如其分，千万不要讲过头。有人说：说话有分寸比能说会道更好。

李燕杰在赞美别人时，不仅会注意他本人的承受力，同时还要考虑到他对立面的可接受性，如果使二者统一，即可起到好作用。

· 李燕杰演讲经历 ·

有一次，北京某礼堂，李燕杰的听众很特殊——下岗女工。他用比喻句做开场白，话音刚落，掌声雷动，不少女工流下了激动的泪水。这个比喻句是："没下岗的工人如秧田里的苗，下岗的工人如同石缝里的草，要使劲往外钻啊！"

一天早上，李燕杰骑着自行车在清华园内通过。刚一拐弯，一位老太太叫住他。李燕杰一下车老太太就说："李燕杰，现在物价怎么那么贵啊？鸡蛋诚宝贵，鸭蛋价更高，要买松花蛋，还得加八毛。'文化大革命'虽然不好，但一毛钱一簸箕土豆。这下倒好，一斤土豆一块多。"

李燕杰说："老同志啊，我发现你对'文化大革命'很感兴趣呀！既然如此，咱们海淀区开两个特区，一个是改革特区，一个是'文革'特区，你要哪个区？"

老太太抓着自己的头发："甭管怎么说，还得到改革特区呀！"

所以，语言是一门艺术，幽默是一种智慧。

"文革"期间土豆一毛钱一簸箕，现在一斤土豆一块多，真是让人瞠目结舌呀！可是，这实际上是经济学方面的思辨，对不对？所以说话的时候要有技巧，花朵不能没有颜色，语言不能没有美感。幽默、简洁、出其不意等都是语言技巧，掌握好这些技巧，才能让自己的演讲受欢迎。

成杰演讲心法

把复杂的事情简单化，事情很可能会变得顺利。有一次，爱迪生让助手测量一个梨形灯泡的容积。助手接过后，立即开始工作，他一会儿拿标尺测量，一会儿又运用一些复杂的数学公式进行计算。几个小时过去了，还是没有计算出来。就在助手又要搬出大学里学过的几何知识，准备再一次计算灯泡的容积时，爱迪生进来了。他拿起灯泡，向灯泡里倒满水，递给助手说："你去把灯泡里的水倒入量杯，就会得到答案。"助手这才恍然大悟。简单就是高效！简单就是智慧！

在演讲中，把复杂的事情简单化，会让人更容易理解，更容易接受，大大降低了演讲者与听众之间的沟通成本。

演讲的语言，要有美感，要有张有弛，有急有缓。这些语言有时如潺潺流水、娓娓动听；有时如雄狮怒吼、气势磅礴；有时如急雨直泻；有时又如雨中停歇。

演讲者如果不在语言上下一番功夫，就不会给听众留下深刻的启示。演讲艺术强调诗化的语言，强调演讲语言之美及其寓意。

幽默是演讲的"润滑剂"

· 李燕杰演讲智慧 ·

幽默是演讲的重要武器。《圣经》上有这么一句格言：人们有着一颗快乐的心好比怀藏着一只药囊，可以治疗心理上的百病。在说服别人的过程中，你的观点可能会让对方难以接受，假如在陈述观点的时候讲个小故事或采用幽默的表达方式，就可能让对方愉快地接受你的观点。

幽默是一个人高情商的标志，这种情商来自先天的素养，也来自后天的锻炼和培养。如果一个人心理健康，总是乐观豁达，幽默就会自然生成。幽默不仅让生活充满情趣，还在人际交往中充满魅力。

幽默是活跃气氛的"最佳调料"。幽默是智慧、爱心与灵感的结晶，是一个人良好素质和修养的表现。恩格斯曾说：幽默是具有智慧、教养和道德的优越感的表现。幽默能表事理于机智，寓深刻于轻松，给周围的人带来欢笑。

美国作家特鲁讲："当我们需要把别人的态度从否定改变到肯定时，幽默力量具有说服效果，它几乎是一种有效的处方。"他还讲道："幽默帮助你解决人际关系问题。当你希望成为一个克服障碍、赢得他人喜欢和信任的人时，千万别忽视这种神秘的力量。"幽默能使激化的矛盾变得缓和，从而避免出现令人难堪的场面，化解双方的对立情绪，使问题更好地解决。

· 李燕杰演讲经历 ·

有人说李燕杰演讲就是一个观点两个故事，李燕杰说，不对，如果仅凭讲故事，那我是故事大王了，就不是演讲家了。如果一个观点有两个故事的话，那么必须有一个升华是我讲的。

很多身价百亿的企业家跑来跟李燕杰诉苦：随着企业规模越来越大，我越来越意识到演讲的重要性了。只是，当着那么多下属的面演讲，太难、太难了。

李燕杰告诉他们：其实掌握了诀窍，一点儿都不像他们想象的那么难。演讲最重要的不是华丽的辞藻，而是会不会讲故事。

为什么百年企业难有，而千年寺庙常在？为什么宗教可以千年传承，生生不息？其核心秘密是什么？故事。故事是有生命力的，故事是有影响力的，故事是有感召力的。

无论是《圣经》，还是佛教经书，从头到尾不乏很美、很经典、很启迪人的故事。故事是有生命力的，大部分人都不太喜欢听道理，不喜欢别人指挥自己怎么做，而是喜欢听故事，通过故事自省。微妙的是，一个道理你讲百遍，他不一定记得住，但是不经意间听到的某个小故事却能让他记住这个大道理，并且他自己记住了还很喜欢把这些故事分享给别人。如此，口碑相传的效果很明显。

故事是个奇妙的东西，无论面临怎样的场景，它都有着与众不同的穿透力。故事能够传递信心和希望，故事能够使聆听者收获经验，故事能够传达那些只可意会不可言传的信息。

成杰演讲心法

老舍说过：*幽默者的心是热的*。人人都喜欢同机智风趣、谈吐幽默的人交往，不愿同动辄与人争吵、抑郁寡欢、言语乏味的人相处。幽默的语言能使矛盾双方握手言和，使僵局冰释，使一个窘迫难堪的场面在笑语中消逝。

2003年元月，时任微软中国区总裁的唐骏接到比尔·盖茨的电话，称其将于2月8日访华，让唐骏做好准备。兴奋的唐骏放下电话一看日历，发现盖茨拟定访华的时间正好是大年初三，政府官员、企业员工都在放假，盖茨来华行程根本没法安排。

唐骏向盖茨请求改期，而盖茨说："难道你不知道我的行程早在一年前就已经安排好了吗？"唐骏见信回复道："我知道您的行程是一年前就安排好的，可是中国的春节是5000年前就安排好的啊！"盖茨看到信后，决定将一年前安排好的访华时间推后20天。临时改变计划，这对比尔·盖茨来说是第一次，这就是幽默的魔法。我想当西方的管理遇到东方的智慧时只会出现两个字：无语。

智者，创造幽默；愚人，重复幽默。现代幽默理论认为，幽默能在参与者之间产生一种强烈的伙伴感和一致对外的攻击性。幽默能拉近两个人之间的感情距离，因为一起笑的人有共同的兴趣、爱好，这是社交成功的第一步，也是很关键的一步。幽默是演讲的润滑剂，幽默可以让你的口才锦上添花，可以让你在公众演讲中获得更多人的喜爱。可我们应该如何把幽默注入语言中，以达到完美的演讲效果呢？

自我嘲笑

美国幽默作家罗伯特主张以自己为幽默对象，或者说"笑话自己",这是制造幽默最安全的方式。不妨把自己的长相、自己做过的蠢事、自己的生活遭遇等当成嘲笑对象。你是最了解自己的人,素材肯定是充分的,再加上一点夸张的表述,就会获得意想不到的收获。很多时候,自嘲自讽,不会让听众看低你,反而会显得你豁达自信。

绕弯子说话

有些特定的环境不容许你直接讲真话,这时候你可以通过幽默达到表达的目的,绕个弯子,既能迂回委婉地表达自己的意思,又能显现出自己是一个幽默风趣的人。

偷换概念

大家对固有的知识都有一些常识性认知,如果你能创新性地偷换概念,以一种大智若愚的姿态讲出来,就能形成很好的幽默效果,让平淡无奇的演讲内容焕发出别样的光彩。不过,要注意的是,偷换概念后,一定要能自圆其说,如果引发了歧义,那就不是幽默,而是灾难了。

第六章

绝对不做『白开水』式的演讲:

李燕杰谈演讲艺术

先以凌云志，终以一

烈报国情无绝期

书赠毛泽东同志三十六周年诞辰先生
送毛泽东同志以作座右铭 转送给
咸水吴恩

书赠木
毛泽三月

演讲与诗歌

·李燕杰演讲智慧·

人,无论从事任何行业,都应有点魅力,无论当官员还是当专家、企业家,都应懂些文学艺术。

古人讲腹有诗书气自华。诗歌比任何一种文学语言更简洁、更深沉,因而也更美。一个不懂诗的人,一个不具备诗歌激情的人,一个不善于使用诗歌语言的人,是不大可能成为好的演讲家的。

每次到国外讲学之前,上课之前,上台演讲之前,没有哲理性的、抒情的、诗情画意的语言,李燕杰绝不上台,这就是他的原则。

诗是美的升华，诗言志，歌咏言。诗是美化心灵的甘露。 李燕杰具有浓厚的诗人气质，他善于从现实生活中捕捉那些打动人心，具有诗情画意的场景与情节，用语言将听众引入意境。

演讲时，他可以借景以抒怀，借人以言志，借事以喻理，借物以讽喻。他在演讲中使用的诗是美的韵律，真的情感，动人的形象，深邃的哲理。

他对演讲诗的要求有"四易"：易听、易感、易记、易悟。

· 李燕杰演讲经历 ·

1992年2月8日，李燕杰参加在人民大会堂召开的全国青少年科技制作一等奖获奖者的座谈会，严济慈、钱学森、钱伟长等都出席了。李燕杰即兴发言："我今天编了一首诗，我写诗不行，但编诗可快，题目叫《金钥匙的启迪》。大海无边，晴空万里／人生有涯，学海无际／大千世界，有无穷的奥秘／有创造力、创新力、创始力的人／永远不患无用武之地／任何事业、任何职业、任何工作／都有改进的余地／谁掌握这把金钥匙／谁就能披荆斩棘……"

朗诵完，马上响起了热烈的掌声，好几个报社的记者都围过来，要把这首诗的原稿拿出去发表。

有一次，李燕杰和曲啸等人去秦皇岛演讲。一下车李燕杰就跟曲啸讲:"赶快吃饭,吃饱了以后到海滨,看大学生干什么、想什么、说什么!知己知彼,怎么样?"曲啸回答说:"要百战不殆啊!"到了海滨以后,看到大学生有的在游泳;有的在谈恋爱;有几个女孩一边走,一边唱歌,唱得蛮好听。

李燕杰回想起在海滨听女孩们唱琼瑶的《月朦胧鸟朦胧》,来了灵感,走上讲台,就对2000名大学生说:"同学们!今天咱们有幸,聚在秦皇岛。首先,献给大家一首小诗,诗的题目就叫《秦皇岛遐想》。山葱茏,海朦朦,秦皇岛夜空,月光照帆影,渔歌晚唱灯火红,来也匆匆,去也匆匆。今夕海上生明月,明朝天涯忆涛声。风卷云舒岁月多峥嵘,花开叶落荣辱不须惊!大海,多一分波澜,人生,则少一分平庸!久历沧海难为水,深经海浪傲险情。魏武挥鞭,碣石安在哉?浩浩长空,山海关上月色明,来也匆匆,去也匆匆。山光水色收眼底,青年忧乐到心中。山葱茏,海朦朦,秦皇岛,夜空空……"

读完诗后,跟大学生的距离缩短了。有女生说:"哎哟,李燕杰不简单,都六七十岁了,还懂月朦胧鸟朦胧呢!"

李燕杰一直对诗情有独钟,仅"文革"以后就创作了3800多首。冰心老人看了他的诗,拿起笔就写了几个字:诗之心,国之魂,诗如其人。

臧克家90岁,看了李燕杰的诗后,彻夜未眠:"我从来没用蝇头小楷给人写过序言,今天破例,用蝇头小楷给李燕杰写一篇序言。"

艾青和他夫人看了李燕杰的诗后说："我只知道李燕杰能演讲，没想到他还能写诗！"他拿起笔来就写：青年导师无上荣。上帝与魔鬼都是人的化身。

李燕杰说："我写诗是从社会需求出发的，如果在座的全是大学者，我就写革命诗；如果都是四五十岁的中年人，我写的就是'五四'白话诗；如果是工农，我就写街头诗；如果是小青年，我就写朦胧诗……"

生活中，李燕杰三天两头写诗，到今天都没有停止过。诗可以让李燕杰思想内涵凝练，可以让他的演讲诗化、美化。李燕杰这辈子，在军队写了上千首诗，在海岛上，能不写诗吗？天天在甲板上看着大海，看着战士，能没诗吗？海南岛那一大片，没有李燕杰没去过的，这就造成了李燕杰诗的生活，而且在生活当中必须诗化。

除了即兴创作诗歌之外，在演讲中，李燕杰还经常引用古诗。

在西安演讲的时候，李燕杰朗诵了一首《西安抒怀》，在诗情画意中捕捉了演讲主客体间的共同感情，在讲到自己的育人经历时又引用了岳飞的《满江红》。在他的演讲中，国学经典、世界名著中的经典句子常常都是信手拈来。

在演讲《德才学识与真善美》中，李燕杰分别用了四句诗来概括演讲的主旨："宁可枝头抱香死，不随落叶舞西风"用来概括人类美好的德行；"宝剑锋从磨砺出，梅花香自苦寒来"用来说珍贵的品质和美好的才华都是需要不断努力和修炼的;"书山有路勤为径,学海无涯苦作舟"用来鼓励青年人要勤奋学习;"不畏浮云遮望眼,只缘身在最高层"用来表达人要有远见卓识的思想。

这些诗句引用得恰到好处,既凝练简洁,又启人思考,还可获得美的享受。在《爱情美学》中,李燕杰引用《上邪》《相思》等这些表达美好爱情的诗篇,讲了唐代红叶传情的故事,在美丽的诗句中带给青年人在婚恋观上积极正确的引导。

在《天地人·精气神·真善美》的演讲中,他就朗诵了一首自己写的诗。诗中既蕴含了演讲的精要,又饱含了气势和希望,给人鼓舞。

在《江城演讲》的结尾处,李燕杰赋诗一首,不仅表达了对江城人民的美好祝愿,还表达了自己江城之行的感受,令人回味无穷。

在《诗之心·国之魂》中,李燕杰借一首诗分享了自己多年来将诗歌艺术与演讲艺术结合在一起的诗教历程,**回首莫笑风浪起,沉吟多思新历程**,让我们真正看到了他在一生中的追求,在冶炼诗句中收获了演讲事业的成功。

▌ 成杰演讲心法 ▌

席慕蓉说:"*智者在泥淖中给自己折一只纸船,将自己摆*

渡出生命的黑暗。"如果说生命就是一次远航，那么每个人都是掌舵者，能不能用好工具，决定着你航行距离的长短。善假借于外物的人，生命往往会绽放出异样的光芒。

为了发挥出最好的效果，演讲也要学会善用工具，李燕杰的独特工具有：志士般的刚毅、诗人般的真情、小说般的人物形象、戏剧般的矛盾冲突、相声般的幽默、电影中的蒙太奇手法。

诗歌最能表达出人内心深处的情感，极容易引起别人的共鸣，在演讲中运用诗歌来表达真情最好不过，既简洁又发人深省、震撼心灵。诗歌亦有好坏之分，为正诗坛风气，我辈应取其精华去其糟粕。

演讲与小说

· 李燕杰演讲智慧 ·

为什么群众觉得有的演讲叫演讲，有的演讲不叫演讲而叫报告，甚至可以称为政治报告？李燕杰说，原因就在于没有表达的艺术。那么，怎样才能有表达艺术？他曾经讲过这么两句话：要文中有戏，戏中有文，识文者看文，不识文者看戏；音里藏调，调里藏音，懂调者、听调，不懂调者、听音。

他还说："背书不叫演讲，会背台词的是演员，你可以演鲁迅，也可以演刘胡兰，把词背得滚瓜烂熟的不能算是演讲。只有理解了以后形成好的记忆，好的记忆又促使你更加理解，这才是演讲的关键。"

就好比《红楼梦》，可以讲一年，也可以讲半年，也可以讲9个小时，还可以讲9分钟。比方说四大名著《三国演义》《水浒传》《西游记》《红楼梦》，其实这里面你要真正研究的话，都有演讲。《三国演义》中诸葛亮不演讲吗？曹操不演讲吗？孙权不演讲吗？《水浒传》中，宋江特会讲，卢俊义还真不如他。

《西游记》中的唐僧、孙悟空、猪八戒、沙和尚、白龙马在八十一难到来的时候都在演讲，各自有各自的特点。其实按道理来说就这5个人物，叫小说吗？当然不是，他们组合在一起就成了一部小说。所以，在演讲的时候可不可以这么考虑呢？比方说孙悟空一个跟头就到了，唐僧呢？是一步一步，扎扎实实地走。唐僧认路，孙悟空不认识路，他是飞不过去的。

所以小说中既有唐僧式的人物，又有孙悟空式的人物。这里有语言、人力组合、排列顺序、结构艺术，所以上台以后必须在头脑里快速形成一个结构。

最近一些演讲大赛，李燕杰就不欣赏，演讲内容基本都是背出来的，背一百遍，一个字都不差。他说这不叫演讲，这叫背书。

成为真正的大演讲家就必须考虑走出"象牙塔"，走向街头，了解人民群众的需要和苦衷。否则，上台以后，你的语言干巴巴，不会获得观众的喜爱。<u>好的演讲要上通天线，下接地气，中成人脉。</u>

李燕杰演讲经历

有一次,李燕杰的演讲对象是大学生,讲的是《红楼梦》。

有一天贾宝玉在梦游幻境的时候,把理想当中最美丽的仙子想象为妩媚如宝钗、聪明绝顶如黛玉。贾宝玉在林黛玉面前发誓,刚发完誓林妹妹就说:"宝玉,宝玉,你也不要在我面前起誓了。你爱我,你心中有我,我早就知道,可是我发现,你一旦见到姐姐就把妹妹给忘了。"这个话讲得多酸,像吃了醋熘白菜,她不是埋怨宝玉给她的感情太少,而是埋怨宝玉分出的感情太多。

宝玉在别的女孩面前,经常有动手动脚的越轨行为。但是,在他最爱的林妹妹面前,宝玉是从来没有越过雷池一步的。林黛玉在临死之前讲:我是清清白白来的,也是清清白白去的。你们说为什么?除了年龄因素之外,难道就没有别的吗?就因为林妹妹在宝哥哥的心中如同一盏灯,我们姑且称为"美人灯",这灯燃起后,就照亮了宝玉的爱情道路,使我们感受到了玫瑰色的爱情。

哪里想到灯越亮,后面的阴影就越分明。在漫长的、黑漆一般的封建夜空中,结婚是政治性行为,起决定性作用的并不是男女双方的爱情,而是家族的利益,婚姻变成一种政治性的交易。青年可以把全部的爱给予自己所爱的对象,最后不见得能把一个完整的婚姻留给对方。

那天，一个女大学生找到李燕杰说："李老师，我妈妈也怪可怜的，她跟我爸结婚20多年了，他俩一块生活只不过是搭伙过日子。"李燕杰说："没有爱情的结合是不幸的，没有爱情的婚姻是痛苦的，谁能真正了解林妹妹呢？"

林黛玉的精神生活越高尚，现实生活就越不幸。讲到这里，李燕杰发现台下大龄女研究生的眼睛泪汪汪的。

人们常说：一个成功男人的背后往往有一个贤惠的女人，而每一个成功女人的背后往往有一个让她伤心的男人。林妹妹在潇湘馆中病情日益加重，她发出了呼唤：天尽头，何处有香丘！"天尽头哪里是林黛玉的归宿啊！林妹妹上气不接下气的时候，贾宝玉被骗去跟薛宝钗结婚。

结婚乐曲传到潇湘馆，躺在病榻上奄奄一息的林黛玉听到了，突然睁开了眼睛，那似乎也是她最后一次睁开眼睛，林妹妹说"宝玉啊宝玉，宝玉啊，你好……"香魂一缕随风散，愁绪三更入梦遥，当时只有竹梢风动，月影移墙，凄凉冷淡。

李燕杰讲到这里，突然有一个学生跳出来说："李老师啊，不瞒你说，我们这帮大学生现在都比较现实，反正林黛玉已经死了，若找个薛宝钗，也能凑合。"

李燕杰说："贾宝玉绝不凑合，他出家了。贾宝玉出家没有四大皆空，也没有六根俱净，忽啼忽笑，若痴若狂，没有出路，只能遁入空门。当别的和尚在泥菩萨面前敲磬燃香时，贾宝玉却在黛玉的灵前呈上一颗破碎的心，他的悲惨结局昭示的是封建主义如此可怕，如此难耐，如此地丧失人性！"

成杰演讲心法

演讲家说话一定要有密度，要有含金量，听众听了你的演讲后要有收获，没有感觉在浪费时间，听你的演讲有含金量、有水准，你就可以影响到别人。

李燕杰老师的演讲总是能吸引众人的视线和感情，就是因为他讲话会让人有收获。在演讲中，把复杂的事情简单化，会让人更容易理解，更容易接受，大大降低了沟通成本。

演讲家有时为了突显一个形象，需要采用夸张的手法。如果能引进小说人物，就能让听众立即明白这个形象是怎样的。听众的兴趣会一下被调动起来，忍不住想知道这个人物和演讲主题会有怎样的关联，演讲很容易取得事半功倍的效果。

演讲与戏剧

· 李燕杰演讲智慧 ·

演讲要产生魔力,一个秘诀就在于要有戏剧般的矛盾冲突,演讲者要善于设置矛盾冲突,设置悬念。

要想成大器也要懂戏剧,社会是大舞台,曲是曲也,曲近人情,越曲越妙;戏岂戏乎,戏合事理,越戏越真。

· 李燕杰演讲经历 ·

李燕杰在演讲中经常借助戏剧中的艺术手法。他说:"不少人也准备了不少活人活事,但讲起来不提神,就在于没有把人物形象发展置于矛盾冲突中,这在演讲中一定要尽力避免。"闪光的细节、尖锐的矛盾能扣住听众心弦,引发听众的悬念和好奇。

把人物形象的发展过程置于戏剧性的矛盾冲突之中,并不是说要把我们的演讲搞成戏剧,把演讲变成了演戏,编造一些违背事物发展规律和不合逻辑的情节,使演讲内容严重失真。这样的演讲不可能是美的,也绝没有说服力。

李燕杰为了给演讲增加戏剧般的魅力,在运用句式上也非常用心。听过他演讲的人可以发现,他的演讲语言多是散短的,好理解的,没有重复。每句话都符合呼吸规律,如这样一句话:"中国,是千年文明古国,从自然环境来说,它山川壮丽、气候相宜、资源雄厚、物产丰富;从社会环境来说,历史悠久、文化发达、民风淳朴。"

成杰演讲心法

戏剧最大的魅力在于引人入戏,让观众随着剧情变化或哭或笑。说到底,还是感觉。在演讲中,有感觉的演讲就是自然的流淌,饱含深情、头脑清晰、口齿伶俐。台下听众听了会睁大眼睛、握紧拳头,会说"你说到我的心里去了"。这就需要演讲者用情感去表达，用心去表达，用精神去表达，要进入听众的精神世界，要与听众进行灵魂的沟通。

没有感觉的演讲味同嚼蜡，演讲者会觉得很累，讲不下去，听众就更没有感觉了。在上台前，不妨试着问自己几个问题：听众对这个题目了解多少？我了解他们对这个问题的看法吗？听众对我有看法吗？是什么看法？针对我发言的题目，他们有什么个人经历？从这些问题的答案中，我们可以找到演讲的感觉，找到演讲的灵魂。

演讲与书法

· 李燕杰演讲智慧 ·

李燕杰演讲中有许多绝招,书法是他常用的道具之一。

人的视觉接受功能占各种感受总接受量的83%,其他只占17%,选用书法作品可以调动听众的积极性。李燕杰的书法以内容取胜,多是一些名言警句,是演讲的延伸拓展。他的字,自成一格,行草兼备,气势连贯,有一股感人的力量。

李燕杰的书法条幅内容,大多是古为今用。比如把"万里风云三尺剑,一庭花草半床书"改成了"万里风云三尺剑,一庭兰蕙四壁书"。李燕杰说,因为书法条幅大都是格言、诗句,所以在引用时不能出问题。

另外还要注意语言的叙述、平仄、对偶等，发声时注意抑扬顿挫。

· 李燕杰演讲经历 ·

有一次在澳门演讲，李燕杰一上台就发现：一边坐的是欧洲人，中间坐的是亚洲人，另一边还坐着一些非洲人。

当时，李燕杰想起文件夹里有"美"字的书法条幅，就先拿起这个书法条幅，说："同志们，日本株式会社的一个老板有一天召开了全体职工大会，一上台他就说：'中国有个很出名的教授，他的名字叫李燕杰。有一天他在大会上做报告，拿起粉笔就在黑板上写了个"美"字。他说羊大为美，头羊最大，也最美，它永远走在羊群的前列，遇到狼群，遇到风暴，一声呼啸，把羊群带到山石中，把羊群带到水草之地。'他问台下的听众：'你们说李教授说的头羊美不美？'"

大家异口同声说："美！"两分钟，就宣传了自己的这个条幅。

讲完以后，李燕杰马上就说："稚子之心，美在无邪；少女之心，美在无瑕；志士之心，美在无私；烈士之心，美在无畏。"接下来，他说："大公无私者为圣人，公而忘私者为贤人，先公后私者为善人……"

展现完"美"字之后，接下来李燕杰展现第二个字——爱。大爱无界、大爱无内、大爱无私、大爱无畏、大爱无怨、大爱无悔……李燕杰以一个"爱"字调动了全场的兴趣。

李燕杰说："我书房里的每一件东西都是演讲时的道具，我讲革命传统教育时，可以找出线装本《五四运动手稿》；讲美与思想教育时，可以取出瑞士街头女交警的照片；讲到人生哲理时，可以展示各种各样的书法作品……"李燕杰即兴写的"宠辱不惊，看庭前花开时落；去留无意，望碧空风卷云舒"条幅，一经展出，即获得了大奖。

李燕杰的书法作品，作为独特的审美刺激物在演讲中应用广泛而且深受欢迎。

李燕杰的书法条幅流传很广，对此，他谦虚地说："大书法家的作品要控制，我是把它当成为人民服务的手段，有求必应。"所以，每演讲完一场，听众要求他写几个字，他常常一写就是十几幅。

有一次，李燕杰携爱人和曲啸一同前往吉林。到了吉林后，来接站的小王说："李老师，为了接你们几个，领导把我结婚的事儿都推迟了。"曲啸是典型的东北人："下车我就找领导，你明天就结婚！"他说得到做得到，绝不放空炮。

下车以后，他找了两张红纸，一张写主婚人，一张写证婚人。李燕杰想了一个词语叫兰芳碧坚——内心世界像兰花一般芬芳，爱情像碧玉一般的坚韧，曲啸用一大张宣纸写了一个条幅。

1998年,李燕杰应邀到江苏昆山演讲。第一场是针对青年教师的,他上台一面展示出了"兰芳碧坚"道具,一面亲切地询问:"在座哪位教师最近要结婚,打个招呼,我把这个条幅送给您。"

这时,有一男一女两位教师应声而起,男教师捷足先登,得到了李燕杰珍贵的墨宝。演讲结束以后,有人走上台去告诉李燕杰,那个没拿到条幅的女教师流着泪走了。李燕杰赶快问:"她在哪儿?我再写一幅送给她。"可惜,再没有找到这位女教师。为这事,他一直内疚。

第二场演讲的对象是机关青年。这次,李燕杰做好了充分的准备。刚好,也是两位青年,一男一女。当李燕杰祝福的话音刚落,也是男青年捷足先登。但是,女青年还没流出泪水的时候,李老师把她叫住了:"我还多写了一幅赠给您!"那位女青年真是又惊又喜,全场已是欢声四起,女青年向李老师深深地鞠了一躬。

李燕杰虽然出身书香世家,但是对书法却真没什么研究,后来为生活所迫,更没有时间去练书法。他真正练书法还是从50岁开始的,因为当时名气渐大,演讲结束时经常被要求题字留墨宝。

1981年,他到四川演讲,演讲结束后被请到了贵宾室,文房四宝早已伺候着。多年没拿毛笔,冷不丁当着这些人的面写字，李燕杰感到难为情。可人家不肯放他走，不仅要写，还要结合杜甫草堂写诗。诗自然不在话下，可这书法是真不行。最后硬着头皮写了，他自己都不满意。

回来以后，李燕杰下定决心要练字，他买了许多字帖，怀素的、黄山谷的、柳公权的，每天练习。几年过去，书法终于有了很大进步。后来，他的书法在中国美术馆展出时还获奖，之后又成为亚洲书法家协会的会员。在抗震救灾时，他的一幅书法被拍卖到 15 万元，他分文不取。

成杰演讲心法

书法在演讲中的作用巨大，视觉比听觉更能让人接受。在演讲时展出一幅条幅，中心思想一目了然，既能加深演讲带来的感触，又具有纪念意义。

我在"一语定乾坤"的课程中用书法来分享我人生中最有感觉的三句话：学习是智慧的生活，分享是生命的伟大；做事精益求精，做人追求卓越；利众者伟业必成，一致性内外兼修。这样会让听众记忆深刻，难以忘怀。

演讲与历史

· 李燕杰演讲智慧 ·

在演讲中,要说服听众,必须有一定的魅力。

第一,要有人格力量,首先自己做人要正,言行如一。

第二,要有情感上的力量,要真挚、实在,感情充沛。

第三,要有逻辑的力量,要言之成理,自圆其说,不能语无伦次。

第四,例证要动人,要有理有据。

这最后一条需要你懂历史。

一个人怎样看上去才有厚重感?得懂点历史。你若对历史人物、历史大事如数家珍,在演讲时会给人留下很深的印象。

· 李燕杰演讲经历 ·

李燕杰在日本演讲时，一个企业家问他："你们中国谁第一个下海？"李燕杰回答不了，但他把这个问题的思路转了一下，说："第一个下海者是范蠡。吴越时代的范蠡，原来他的身份相当于总理，后来做生意去了。这样算不算下海？"企业家又问："你们中国谁是第一个公关小姐？"李燕杰说："非常简单，西施。"日本企业家再次鼓掌。

李燕杰除了是演讲家之外，还是北京自修大学的创始人和校长。2002年北京自修大学的开学典礼上，李燕杰请了一些外教，其中一位美国教授对中国历史很感兴趣，李燕杰对他说："我告诉你，我是地道的北京人，生在北京，长在北京。我住的是小胡同，我们大门往前数三家，你知道是谁吗？是刘罗锅家。我两三岁就发现，刘罗锅家门口有一个小石碑，上面写着'太公在此诸神退位'。姜太公在这儿，别的神仙退位，美国哪个神仙敢说这个话？还有一个典故叫'姜太公钓鱼，愿者上钩'。美国管理科学经营之道讲双赢，双赢伟大吗？凡是说双赢的人，往往都是自个儿多赢，让对方少赢，是不是这个规律？什么叫企业家？要发财才叫企业家，不想发财的人，从自己腰包里拿出钱的人绝对是慈善家。没有哪个企业家想赔钱，都想发大财。这种情况下，姜太公做到了。'姜太公钓鱼，愿者上钩'，有德有识有才有体，最后到了80岁才有所成就。"

李燕杰有见地的话很快吊足了美国教授的胃口，接着他问美国教授："你知道商朝吗？商朝历经多少年？"美国教授不知道。李燕杰就说："你不知道我告诉你，六百载。美国有哪个朝代有六百年的历史？"美国教授乐了，说："美国到现在才两百多年。"李燕杰说："中国六百载的商朝，到商纣王开始腐败，最后被周武王推翻。他建立新的周朝，八百载。"

美国教授问："他为什么能做到？"

李燕杰："非常简单，天下是天下人的天下，这就是大智慧。"

成杰演讲心法

借古说今，借古讽今，是演讲中常用的一种手法。运用古代人物的故事来讲述一个大道理；运用古代人物的智慧来化解现场的尖锐提问；运用古代的极端案例来讽刺当今的乱象……总之，利用古人，一个现代演讲者可以做很多事情。

而前提是你必须得懂历史，对历史大势了如指掌，对不熟悉的朝代千万不要乱讲，讲自己熟悉的，并且深入研究过的。建议演讲者一定要储备几个历史人物，对他们的经典事迹了如指掌，这样就可以在不同场合的演讲中，时不时地拿出来讲一讲，用来提升自己的演讲内涵。

演讲与电影

· 李燕杰演讲智慧 ·

李燕杰认为,演讲这种艺术需要有电影中的蒙太奇手法,就好比他经常将一些古今名句、诗词歌赋、名人名言、时政热点、亲身经历等巧妙地引申到演讲中,使一些道理深入浅出,更加引人入胜。整个过程就好像有一条线巧妙地将这些串联在一起,给人以听觉的享受。

演讲《宏观战略与演讲育德》时,李燕杰就运用此种手法,将我国的精神文明建设现状与巴基斯坦、南斯拉夫、英国、波兰等国家的精神文明建设现状放在一起,一经对比,听众就明白了精神文明建设的重要性。接着又在动手能力方面与其他国家做比较,让大家明白中国与其他国家的差距,然后谆谆教导听众——教育对于各个年龄段的人都是需要的。无疑,这种演讲方法达到的效果是极好的。

· 李燕杰演讲经历 ·

中央领导胡乔木同志于1985年接见李燕杰时说:"你认识曲啸吗?"李燕杰说:"认识。"

胡乔木同志又问:"曲啸同志这个人怎么样?"

李燕杰回答:"很棒。曲啸同志有志士般的刚毅,有诗人般的真情,有小说般的人物形象,有戏剧般的矛盾冲突,有相声般的幽默,最后有电影般的蒙太奇手法。"

李燕杰这么盛赞曲啸,是因为同样是演讲家,他很有同感。在共和国老一代演讲家中,李燕杰和曲啸是莫逆之交。

李燕杰有个习惯,就是走到哪里写到哪里,每当接触到一个客观事物,就像兜里老有照相机一样,马上来个"抓拍",就是这些零碎的"抓拍",运用到演讲中产生了巨大的吸引力。

李燕杰出身书香世家,有渊博的学识,而且他的脚步遍布欧美亚的各大城市,他的见识远非一般人能比。他在政治经济、道德宗教、人文教育等方面阅历丰富,他将这些组合剪辑，让它们在演讲中为他所用，清楚而深刻地表达思想和主题，让人容易接受它们所传达过来的信息。

成杰演讲心法

好的演讲就像电影一样有声有色，有画面感……

正如李燕杰老师说："想象，是教育艺术家的基本功。演讲，需要形象。创造形象，是一种艺术手法。演讲艺术家要善于想象，善于思考。想象与思考相结合，方能结出一颗颗智慧的果实。"

演讲与国学

· 李燕杰演讲智慧 ·

"国学浩如烟海、汗牛充栋。到底有多少书,我看谁也说不清楚。毛主席的书房保存了9万多册书,我看了以后,发现其中大部分是国学,当然也有西方的经典。"那怎样研究国学呢?李燕杰认为:第一,要有目标,中国古代说的目标叫"志于道";第二,要研究形成自己的基础,"据于德",讲道德;第三,研究国学的精神要依于仁,有内涵,叫"游于义"。

学传统文化,就要研究中华传统文化里面的精华。那么,怎样演绎精华?李燕杰给大家提供了两个思路,第一要做加法,第二要做减法。

做减法，第一句话，把所有的传统文化都视为国学太宽了；第二句话，只剩下儒家、道家、释家三家太窄了；第三句话，《三字经》《百家姓》《千字文》《弟子规》说是国学，太低了；第四句话，如果把《三侠五义》说成国学太俗了；第五句话，把纪晓岚的《四库全书》都说成国学太泛了。学国学不能太宽，不能太窄，不能太低，不能太俗，不能太泛。

做加法，一说学国学，就让幼儿园小孩穿上和尚袍，穿上道袍，坐在那儿念经，合适吗？小孩啊，三四岁，六七岁，穿一个道袍在那儿坐诵读"人之初，性本善，性相近，习相远。苟不教，性乃迁，教之道，贵以专……"这合适吗？所以我说学习儒学要培养新时期的"圣人"，不要培养一帮孔乙己。

学道教不要搞消极，讲《道德经》《南华经》渐渐变宽心；学佛经应学《金刚经》，不要搞封建迷信。

做加法时候要有"六个以"：以易增智，以道强慧，以儒修身，以佛养心，以墨济民，以兵安邦，以黄养生。

儒家是入世的，要做到有为；道家是出世的，要做到无为；佛家在出入之间讲心，佛就是心，讲与人为善。

学儒家，应该堂堂正正做人；学道家，应该真真切切做人；学佛家，应该清清白白做人！

· 李燕杰演讲经历 ·

有一次，李燕杰在深圳讲风水学，有人问他："李先生，你是好几个易经研究院的院长，你算命吗？"

李燕杰："孔夫子算命吗？孔夫子都不算命，为什么让我算命？我研究《易经》，研究八卦预测，研究未来事物的发展、规律。规律是什么？道，就研究道。"

那人问："你不算命，你弄《易经》干什么？"

李燕杰倒过来问他："你这一辈子永远办好事，你有必要算命吗？如果你天天办坏事，你算命有用吗？"

今天，学《易经》要学习预测判断，在学《易经》的过程中形成"预测"的大智慧。

‖ 成杰演讲心法 ‖

中华民族传统文化光辉灿烂，如果谈国学的时候只停留在古圣先贤是不够的，今天研究国学必须做到与时俱进。

演讲者平时要多看些国学名著，这些可以增加一个人的厚重感，但是千万不要食古不化。一方面，在演讲的时候不能乱引用，否则将闹出大笑话；另一方面，要活学活用，在吃透国学精粹的基础上与时代潮流融合在一起。

第七章

演讲家的五大精神支柱:
李燕杰谈演讲素养

中国梦

为实现中国梦我们必须：以智雪之洁求其品，以泰岱之高求其志，以潭壑之深求其学，以天地之厚求其风，与岁末共勉。

甲午李建东

德行：决定你能不能成为大家

· 李燕杰演讲智慧 ·

人必须有智慧，而道德是人生的第一智慧。凡是从事伟大事业的人，都应该有相应的德行。演讲家也是如此，唯有德行，才能走远。人们愿不愿意听你演讲，关键在于你的人格。

品格决定人生。我们都认得"正"字。古代止即足。有人认为造这个"正"字是说一个人要想站得直，两只脚就必须站在一条线上。因此在止上面画个横，表示正。如果这个人尽做不正当的事情，就在正上方加个否定字"不"，因此就叫"歪"。有人还找了一个旁证，即"步"字，上半部分是一个止，相当于左脚，下半部是个翻过来的止，相当于右脚。

翻开古今艺苑画卷，真可以说是高山巍峨、群星闪烁。那些大有作为的作家们都具有高尚的品德。从屈原、司马迁，到鲁迅、闻一多，没有一个不是品德高尚者。他们坚持真理，主持正义，忠于祖国，热爱人民；他们不慕名利，不畏强暴，由于他们在思想上达到了至高至尚的境界，他们的作品才有可能达到至高至尚的成就。

闻一多看到祖国处于水深火热之中，就大声疾呼："国家到了这地步，我们不管，还有谁管？"于是，他毅然决然地走出书斋，参与到争取人民民主的斗争中去。他那篇《最后一次演讲》无疑是恢宏巨著，体现了诗人公而忘私、正直奇伟的精神。虽然闻一多只活了短短的48年，但他不愧为一个具有强烈爱国心和高度正义感的诗人与学者。他不仅为我们留下了大量诗文，还将他的鲜血和生命献给了祖国与人民。

闻一多25岁从美国留学归来，一直在大专院校任教，二十年如一日。无论在贫病交加之日，还是在白色恐怖之时，他始终坚强不屈。正是由于他心中有正义之火，才能在生活中发现真理之光，他的作品才能激励人们为真理和正义而斗争。

取法乎上，得乎其中；取法乎中，得乎其下。演讲者必须对自己严格要求，使自己成为一个正道直行、品德高尚的人。一个有人格的人，是有正义感的人，是有成功实力的人。

· 李燕杰演讲经历 ·

在李燕杰小时候，父母就教导他："**走正路不走斜路，走活路不走死路。能干大事干大事，干不了大事干小事，干不了小事不干事，绝对不要干坏事。能帮大忙帮大忙，帮不了大忙帮小忙，帮不了小忙不帮忙，绝对不要帮倒忙。**"

抗战时期，在穷得吃不上饭的时候，李燕杰也坚持不偷不抢，不干坏事。

《德才学识与真善美》是李燕杰演讲报告中最有影响力的一篇。1982年的春天，在上海，李燕杰一周做了6场报告，当时上海的报纸用了"盛况空前"这个词来形容。有报道说："头一天在演《姿三四郎》的时候，上海是路不拾遗；这次李燕杰来到了大上海，是夜不闭户。"

也就是在这一年，因为热心做青年思想教育工作，李燕杰评上了德育高级职称，被誉为第一个由中央提名的德育教授。

▍成杰演讲心法 ▍

凡是从事伟大事业的人，都应该有与之匹配的德行。中国从古至今特别注意正道直行，如果一个青年颇有才华，但尽做歪门邪道的事情，那他在人们心目中的形象也会很差劲。

人人离不开金钱,因为离开钱就不能生存,但人活着不能只为钱,我们切不可见钱眼开。决不能像有些人,心本来是红的,一见钱就变成黑的;眼本来是黑的,一见钱就变成红的。

一个人的能力决定他能走多高,一个人的品德决定他能走多远。如今的时代,金钱至上,物欲横流,不少人为了升官发财不择手段,我们要做的是坚决抵制,绝不丧失原则。

自信:决定你能不能脱颖而出

·李燕杰演讲智慧·

肯定自己,欣赏自己。人生在世,可以欣赏的东西太多了,但你永远都不能忘记欣赏自己。你需要重新审视自己,恢复自信。

即使上帝给你送来的是阴冷与黑暗,你也不要放弃自信。因为上帝没有剥夺你追求光明、获取温暖的权利。

黑暗,并不可怕,可怕的是你自己没有向往并追求光明的勇气。

阴冷,并不可怕,可怕的是你自己没有追求并获取温暖的智慧。

当你走入失败者人群的时候，你会发现，他们之所以失败是因为他们从来不曾走进足以令人兴奋、鼓励人前进的环境。一个人要善于从迟疑中、消极中、烦闷中拔出来，进入奋发立志的环境，这种环境可以说是无价之宝。

成功者的出身、学历、境遇、职业和个性等各不相同，但有一点是相同的，就是自信、主动。自信，是成功的第一要诀。

许多人以为志气是天生的，但实际上大多数人的志气都是被唤而后起的，是一种潜在的力量。因此在任何情况下，一个青年人要勇于投入到可以唤起你志气的环境中去，它可以激发你走上成才的道路。

一些人总是埋怨没有机会，实际上这些都是弱者的推托之辞。有一次，亚历山大打了一场胜仗，有人问他："假如再有机会的话，你要不要拿下第二个城市？"他马上就暴怒了："什么叫机会？机会都是我们创造的。"如果没有自信，即使给你梯子，你也不能一步步向上攀登达到顶峰。

人类具有追求理想的力量，只要你相信一个较好的明天会到来，那么今天的艰难险阻就不算什么。

一个人成功的大小，永远不会超过他信心的大小。

一个人如果不相信自己能完成一件事，那么他永远也不会成功。

一个人没有强烈的需求、成功的愿望，还能取得成功，天下绝无此事，人间也绝无此理。

孟子曰："人皆可以为尧舜。"当前，社会上埋怨者众，牢骚者多，为什么不可以战胜消极，振奋精神而扫除阴霾呢？正如一句话所言：白发于您，恰如月亮之柔光，令生命之树闪出银色的神圣的光彩。

· 李燕杰演讲经历 ·

李燕杰经常和各类人士打交道，在美国，他认识了一位盲人，但盲人对李燕杰说："我从不把自己看作是一个残疾人，而且我千方百计地让人们感觉到我不是残疾人。我帮助了你，目的不是让你回报我，因为我懂得，我帮助了你以后你还可以帮助别人。"

无独有偶，在中国李燕杰也遇到过失聪女青年，这位女青年也对他说："你如果把我当残疾人，那你对我的许多要求都会降低标准，耳聋对我来讲是微不足道的，我从来不把自己当一个残疾人，这不是自我安慰，而是自我激励。"

一个人不应当总是说我需要生活，而要经常对自己说"生活需要的是我"。

这两位残疾朋友深深地震撼了李燕杰。在"文革"遭遇迫害、腿受伤及得癌症的时候，他都很乐观豁达。

成杰演讲心法

我非常喜欢孙正义先生的一句话:"最初所拥有的只是梦想,以及毫无根据的自信,但是所有的一切都从这里开始!"

在一场主题为"自信"的演讲比赛中,有位演讲者脱颖而出,一举夺魁。他的演讲题目是《我是拿破仑的孙子》,其演讲的主体部分是这样的:

亨利在30岁的时候,还是美国的失意移民,靠失业救济金生活,整天无所事事地躺在公园的长椅上,感叹命运的不公。有一天,他的一位朋友带来一个消息:"我看到一篇文章,说拿破仑有一个私生子又生了一个儿子。他的全部特征都跟你相似:个子矮小,讲一口带法国口音的英语。"

"真是这样吗?"亨利半信半疑,但他还是愿意把这一切当作是真的。

"我真的是拿破仑的孙子。"

渐渐地,这个挥之不去的意念改变了他的整个人生。以前因为个子矮小而自卑,现在他却因此而自豪:我爷爷就是靠这种形象指挥千军万马的;以前总觉得自己的英语发音不标准,像个乡巴佬,现在却因自己带一点法国口音而感到悦耳。凭着自己是拿破仑孙子的信念,他克服了种种困难,成了一家大公司的董事长。

后来，他调查了自己的身世，知道自己并不是拿破仑的孙子。亨利并不感到沮丧，他说："我是不是拿破仑的孙子并不重要，重要的是我心中有了'拿破仑孙子'的自信，它让我成功了。"

自信是一个很老旧的主题，自信改变命运也是一个很老旧的观点，可这位演讲者却给出了"我是拿破仑的孙子"这样一个新颖的自信种子，植入听众的心窝。

毛泽东有一句诗：自信人生二百年，会当水击三千里。能够成就大事业的人，永远是那些信任自己的人，敢于想人之所不敢想的人；永远是那些不管遇到什么困境都坚信自己能成功的人。什么是自信？古罗马哲学家西塞罗说："自信是心中抱着坚定的希望和信念走向伟大荣誉之路的感情。"自信是一个人脸上的阳光，是心灵中不灭的圣火，它是成功的首要秘诀。有自信，就能创造自己的神话。

一位成功的演讲家，应该深知自信乃成功之帆。具有自信心能得心应手地处理手上的工作；能泰然自若地应对突发状况；能随心所欲地思考，并能有自己的心得领悟；能在公共场所或优秀人士面前侃侃而谈，言谈富有哲理而又让人信服。

才能:决定你能不能征服听众

· 李燕杰演讲智慧 ·

才华是血汗的结晶。才华是刀刃,辛苦是磨刀石。

青年人总爱在自己的聪明上打转儿。其实不管你先天如何,关键在于后天的努力。有人曾说梅兰芳没什么了不起的,他就仗着自己的天分。实际又如何呢?梅兰芳60岁时,为了演好《霸王别姬》中舞剑那一场戏,床头总是挂着一把宝剑。梅兰芳为了向俞振飞学习昆曲,他一字不苟、一音不苟、一腔不苟,一次只学一两句,一出戏要学一二十遍,孜孜不倦,取长补短。

一天李燕杰在家看电视,突然说起曾经的女排国家队一号郎平的打球动作来。他说:"她在网前扣球真是稳、准、狠。眼看球要飞出界了,马上一个鱼跃,三米之外能把球救起,真带劲!"话音未落,一个来串门的同学接上茬说:"没什么了不起的,我要是有1米84的高个儿,也能在网前一扣一个准。"李燕杰说:"你别尽讲大话,郎平的功夫是苦练出来的。"

有个采访过郎平的记者告诉李燕杰,郎平从小就事事不服输,在任何时候都要争个第一。学习上她名列前茅,训练中汗水比别人流得多,练得比别人苦,经常累得小腿肚子酸疼难熬。她为了练弹跳力,深蹲下腰,负重30公斤。

这些荣誉来之不易,有些人觉得很简单,其实,要达到郎平的水平,是需要付出很多的。天才出于勤奋,可谓成功的秘诀。

• 李燕杰演讲经历 •

李燕杰演讲关于才能的主题时,讲了两个小故事。第一个是契诃夫的故事,契诃夫是俄国出色的短篇小说家,他形容胖子很令人叹服。如果让我们形容,就会说:去年做了件衬衫,今年就穿不进去了。就这点水平!契诃夫却这样形容:胖子胖到脸上的皮肤都不够用了。要张开嘴笑的时候,眼睛就要闭上;而要睁开眼睛看的时候,就得把嘴巴合上。

看到这里,我们会拍案叫绝,会称契诃夫真是个描绘人物形象的大天才。但李燕杰坚信，他如果不下一番苦功，不善于观察、思考，不看七八个胖子，是写不出这样的话的。

有一次，李燕杰在课堂上形容马的喜怒哀乐时说："1974年我走'五七道路'，在干校拉马耕地，忽然间马仰起头来，张开小嘴，露出小白牙，向我发出了会心的微笑。"这时女生说："马真要会笑，非把人吓死不可。"李燕杰形容马怒的情形是：噘着个嘴。男生就说："马的嘴本来就是噘着的，等于没形容。"

李燕杰并不辩驳，他让大家看庄子是如何形容的：喜则交颈相靡，怒则分背相踶。马表示喜悦之情时，在草原上一边打滚，一边你蹭我的脖子，我蹭你的脖子，蹭得那么滋润舒坦，喜形于色，表示友好；发怒的时候，两匹马屁股对着屁股，你给我一脚丫子，我给你一蹶子。如果庄子仅凭感受，没有身临其境，没有去过马槽专心致志地观察，也绝对写不出这令人拍案叫绝的话来。

▊▊ 成杰演讲心法 ▊▊

才是天才、才干、才能。天才除了具有天分外，更主要的是后天的勤奋。

2007年5月，当我决定要成为一名超级演讲家时，我便制订了一个计划——对着黄浦江演讲的 101 计划，即连续 101 天，每天面对黄浦江练习演讲两小时。

为了能更有效地实施这个计划，我搬到了公司附近的一间出租屋。虽然这间屋子只有 8 平方米，又老又旧，没有独立卫生间，隔音效果也不好，每月租金还要 1000 元，但这里离公司近，离黄浦江也只有 3 公里。

从搬过来的第二天起，我的 101 天计划便开始了。

早上 6 点起床，做完 101 个俯卧撑，带上一本书，跑步 3 公里，便来到了黄浦公园的外滩广场，广场上已经有一些游人和晨练者了。我在江边找到一个开阔的位置，面对着波光粼粼的江水，清一清嗓子，先练声 10 分钟，再读书 15 分钟，然后便开始演讲。

一边演讲，一边配合手势，我很快便进入了状态，仿佛江面上那层层的波浪就是一排排的座椅，那在水波上跳跃着的点点阳光正像一个个鼓掌的观众。我的肢体语言越来越丰富大胆，演讲的声音也越来越响亮，仿佛随着那滔滔江水流向遥远的天际，流向神秘的宇宙……

一开始，我每讲完一段，一回头就发现自己的身后已经站了不少人，远处晨练或步行的人也纷纷停下来，向我行注目礼。虽然在讲台上已经身经百战，但在这种场合，我的脸还是不自觉地红了，心中如闯进了一只小鹿"咚咚咚咚"跳起了"踢踏舞"。不过，我只是对着众人笑了笑，然后转过身深吸一口气，继续演讲……讲了一两个星期后，当别人看我的时候，我也看别人，那时我已经不再不好意思了。

夏天，阳光强烈，雨水也格外充沛。有好几次，早上一起来，发现外面狂风暴雨，我照样做完俯卧撑便冲进风雨中，一路向黄浦江跑去，跑到外滩，开始当天的演讲训练。风声、雨声、雷声、演讲声……那真是一种奇妙的感觉！

就这样，一天过去了，一个星期过去了，一个月过去了，我依旧不断地练习着，在这个过程中，我发现我的演讲越来越自然，我越来越自信，表达也越来越自如。在坚持101天演讲的过程中，我的一场演讲创造了当时我所在的培训公司的最高纪录，我一战成名，从此，我的演讲之路也开始从上海走向华东，迈向全国。

101天的面江苦练，换来了一个脱胎换骨的成杰，一个被誉为亚洲顶级实战名师的演讲家，一颗璀璨的新星。我的影响力也越来越大……

练习让一切变得更美好！学习获得知识，练习拥有本领，体验进入核心，分享传承智慧。我今天所拥有的演讲能力，都是努力练习的结果！

学问：决定你能不能受欢迎

· 李燕杰演讲智慧 ·

学即学问、知识。且夫水之积也不厚，则其负大舟也无力。一个人的学问要有它的高度、深度和广度。人一般分为四种类型。

第一种，事业上真正有伟大成就的人。他们头脑敏锐，基础雄厚，很有作为。

第二种，某些在社会上游荡，还不知道学习的青年。其中有的人头脑简单，知识贫乏，这些青年人可概括为头重脚轻根底浅，嘴尖皮厚腹中空。思想就像一块不毛之地，他们随波逐流，无所追求；在事业上碌碌无为，没出息。

第三种，头脑尽管迟钝一些，但学习很努力，有较坚实的基础，在事业上还会有一定作为。

第四种，工作积极肯干，愿意钻研学问，头脑比较灵活。但知识不足，根基不稳，现在需要奠定和充实基础。

我们要引导青年们去学习钻研，成才之路就在自己的脚下。

·李燕杰演讲经历·

学院的一位老教授得了肝癌，临终前他拉着李燕杰的手说："燕杰同志，我已经快要离开大家了，我的一生当中虽然写了几部著作，在国内有些影响，但是我还有六个计划没有完成。"说完老泪纵横，号啕大哭。这和一个小女孩丢了手绢伤心地哭可不同，其声可哀。

这位老教授让李燕杰触动很深：谁也不要觉得自己的生命有多长。他十八九岁参加工作到现在，就像是昨天，而他距离那位老教授也不过几步之遥。要懂得生命、时间和光阴的价值。人生易老，生命的阶梯很快就会闪到自己的身后，去而不返。

如若不珍惜，真像流水一样：濯足长流，抽足再入，已非前水。逝者如斯夫，不舍昼夜。岁月当惜，寸阴必夺，一日不可虚度。诗人苏阿芒说："电影是看不完的，电视也是看不够的，但是事业要求我分秒必争。"

有的年轻人对李燕杰动不动就忆苦思甜很反感，李燕杰却坚持："为什么不可以忆苦思甜？忘记过去就意味着背叛。凡是忘掉过去的人注定要重蹈覆辙。"有一次，在演讲中，李燕杰提到了这个观点，当时有几个日本朋友在场，可他依然不让步，继续说下去："那个时代日本军国主义者侵略中国就是可恶！当然今天真正的日本朋友还是很友好的，这是两回事。"

等散会后，那几个日本青年就围过来，问李燕杰："你是50岁吗，吃什么滋补品？"李燕杰回答说："刚才我讲的德才学识与真善美，中华民族的文化就是我最好的滋补品。"说完，几个日本青年真诚地鼓起掌来。

成杰演讲心法

一个人是否热爱学习，直接影响其生命质量和人生走向。

有人问李嘉诚："李先生，您成功靠什么？"李嘉诚毫不犹豫地回答："靠学习，不断地学习。"不断地学习，是李嘉诚成功的奥秘！李嘉诚勤于自学，在任何情况下都不忘读书。打工期间坚持抢学，创业期间坚持抢学，经营自己的"商业王国"期间仍孜孜不倦。晚上睡觉前是李嘉诚的看书时间，他喜欢人物传记，无论在医疗、政治、教育、福利哪一方面，只要是对人类有所帮助的他都很佩服，都心存景仰。

李嘉诚一天工作十多个小时，仍然坚持学英语。早年专门聘请一位私人教师每天早晨上课，上完课再去上班，天天如此。苦读英文使李嘉诚与其他早期到香港发展的企业家有所不同。当年，懂英文的华人在香港是"稀有动物"，懂得英文使李嘉诚在参加各种展销会时谈生意可直接与外籍投资顾问、银行的高层打交道。如今，李嘉诚已至耄耋，仍爱书如命，仍然在学习，仍然在追求今天比昨天更优秀。

我在巨海集团品牌课程《演讲智慧·终极班》中分享道：一个人的命运取决于他所遇到的人、看过的书、上过的课、交往过的朋友。纵观古今中外，大多的成功者都是阅读者，所有的成功者都是学习者。

回首这几年走过的道路，感慨万千。我从一名没有高学历、没有家庭背景的农家子弟发展到今天，一步步实现人生的理想和价值，其关键还在于学习。这些都是不断努力学习的结果，学习的力度远远大于学历。

教育家说：书是智慧的钥匙；

政治家说：书是时代的生命；

经济家说：书是致富的信息；

文学家说：书是人类的补品；

史学家说：书是进步的阶梯；

奋斗者说：书是人生的向导；

探索者说：书是通向彼岸的船；

迷惘者说：书是心中的启明星；

学生们说：书是不开口的老师；

求知者说：书是饥饿时的美餐；

……

卓识：决定你有没有胸怀格局

· 李燕杰演讲智慧 ·

识即胆识，也就是远见卓识，要有识别的能力。亚里士多德说过，人类的知识有三种：理论的知识、实践的知识和鉴别的知识。识大体为识，察根本为识。提出一个问题往往比解决一个问题更重要，因为解决问题也许仅是数学上或实验上的技能而已。而提出新的问题新的可能性，从新的角度去看旧的问题，都需要创造性的想象力，而且标志着科学的真正进步。

德国物理学家沃纳·卡尔·海森堡也说："提出正确的问题，往往等于解决了问题的大半。"凡想成大事的人，不可能是坐井观天者，也不应该是鼠目寸光者，而应当是高瞻远瞩者,"不畏浮云遮望眼,只缘身在最高层"。

关于远见卓识,李燕杰认为至少要做到这么几点。

第一,从政治上讲。纵观中华民族几千年的文明史,我们从中可以发现一个规律。即每当国家和民族遭受到巨大灾难的时候,我们的民族总是不甘于落后与沉沦,必将以社会更大的进步来加以补偿。

恩格斯说:"没有哪一次巨大的历史灾难不是以历史的进步为补偿的。"每当发生动乱时,百姓处于水深火热之中,但动乱之后,人民需要休养生息。只有这样,社会才能前进。

秦以前是春秋战国,汉朝以前是楚汉相争,战火连绵,给人民带来了巨大的灾难,但后来出现了文景之治。所以人民对文景之治是歌颂的。唐朝以前是魏晋南北朝到隋朝,这段历史正像《三国演义》所描写的"白骨露于野,千里无鸡鸣",人的骨头裸露在地面上,方圆千里连鸡叫的声音都听不到。

进入唐朝后,人民需要安定团结、休养生息,便出现了贞观之治。这不单是歌颂帝王,也是人民意愿及那个时代精神的反映,所以在李白、杜甫的诗里对贞观之治都是肯定的。

今天我们多难的祖国重新踏上了中兴之路,要把国家搞上去,就需要大家抓住现在的时机,珍惜现有条件,增长自己的德才学识,创造至真至善至美,成为新社会的改革者和建设者。所以首先要在青年中间宣传安定团结的意义,珍惜安定团结的局面。

第二，从教育上讲。很多人不重视教育事业、对教育事业不感兴趣，对政治也不关心。一提政治工作就烦，并且有意见；一开会就皱眉头，坐在一边翻小说、听音乐；一听政治报告就不愿意去，还反感。

人生在世，如何为人类做贡献？人类和其他动物毕竟不一样，其他动物可以从零开始，但人总不能像动物那样，默默地来，又默默地去了，除了吃喝，不知道世界上还有别的追求。

一位女教师是美籍华侨，新中国成立初期回国，之后一直搞教育。她的父母在国外有很大影响力。

父亲告诉女儿说："世界上的名山大川我都走遍了，人间的荣华富贵我也都享受到了。我得出两条结论——第一，中国好，回国去；第二，回去搞教育。"结果女儿就回国了，兢兢业业地从事教育事业。一年，在北戴河，李燕杰和她见了面，她向李燕杰讲了很多教育青年的故事，使李燕杰深受感动。

别的老师向李燕杰介绍说，她懂教育，越是别人不愿意要的落后班，她都接；越是别人不愿意收的青年，她都要：就专门接"坏"班、"坏"学生。这位老师接收的班，被称为介于正式班和少管所之间的"落后班"，别人都不愿意当班主任，她就去当，并且说为了改造这些孩子，她要负责。

第三，从文艺上讲。现在社会上的青年都喜欢文学艺术，这一点我们要理解，但还必须告诉他们：文艺有上品、中品、下品之分；也可以分高格调、中格调、低格调。首先应该多欣赏和追求高格调和上品文艺，成天看低级下流的作品，精神面貌自然好不了。

但有的即使是上品，也是蜜糖掺拌着毒药。青年人往往分不清作品中的精华和糟粕，缺乏鉴赏分析能力，不加批判，盲从附和，结果"灌伤了"胃口。对他们，老一代都要引导。

成杰演讲心法

真正的演讲家都会给人以循循善诱的感觉，因为他们心系祖国，关心祖国的下一代，所以他们的演讲大家都爱听。就如李燕杰老师所说，人们除了文化知识、文化教育有所提高外，还必须有真正美的灵魂。人类的事业要想延续下去，就得有政治、还得有教育，这一条很重要。青年一代应该有"天下兴亡，匹夫有责"的主人翁精神，同人民的脉搏跳动一致，以振兴中华为己任。"我们老一代就是要帮助、教育青年树立这些信念。根据我多年的体会，青年愿意接受真理、渴望进步。对于青年人来讲，要珍惜应有的政治教育；作为老年人，要珍惜自己的岗位，对青年一代负责。如果把党比作前进列车的火车头，那四五十岁的人就是前面的车厢，而二三十岁的青年则是后面的车厢，老年人的任务就是带领他们沿着正轨迅猛前进。"

我在"一语定乾坤"研讨会中分享学习成长的五大通道：读万卷书，行万里路，交万方友，问人无数，名师指路，直接进入。青年人只靠实践积累，成长是比较缓慢的，有时会进入"迷宫"，通过向无数的人学习其优点并弥补自己的缺点才会使自己的能力提升。自己摸索毕竟缓慢，所谓旁观者清，如有专业知识丰富的名师或权威人士指导的话，会令其茅塞顿开，快速解决问题，使得能力进一步提升。

第八章

藏在口中的财富：
李燕杰谈演讲的意义

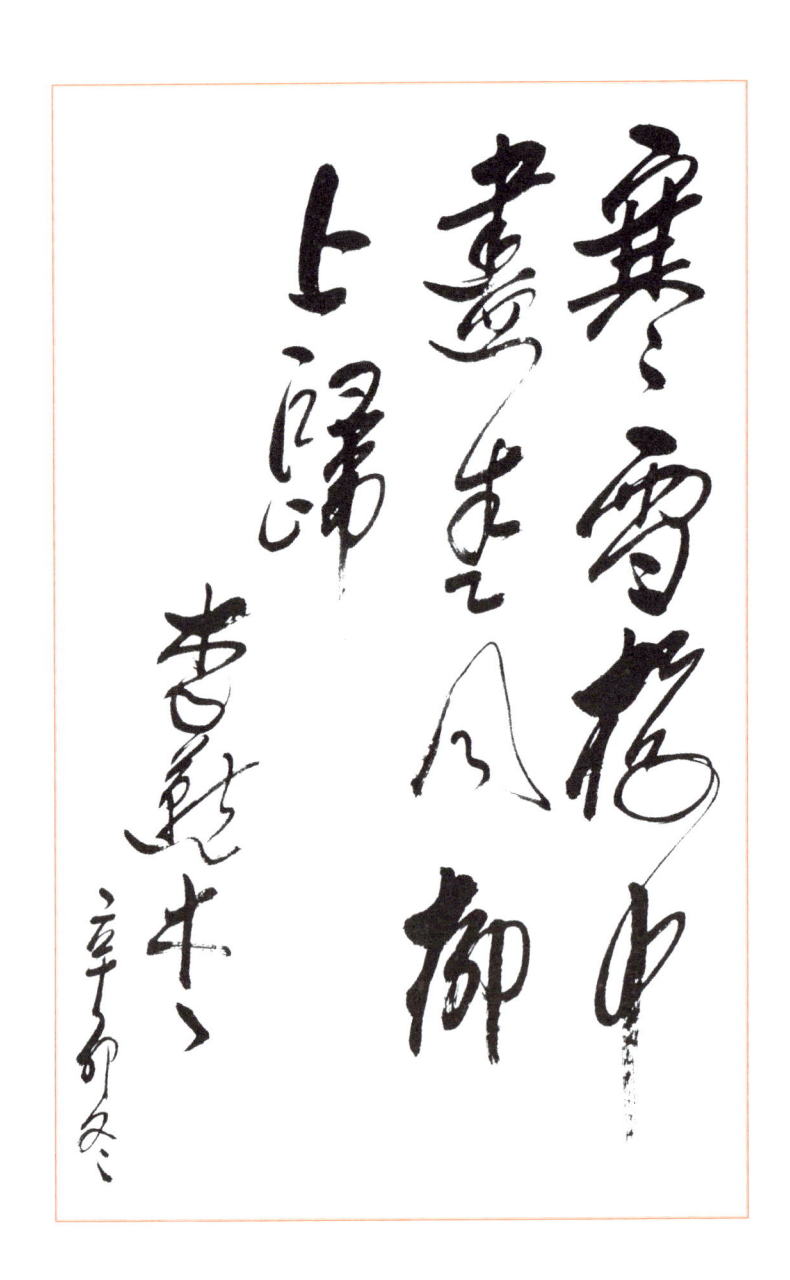

寒雪夜中畫遠山風柳上歸
辛卯初冬

演讲是美和智慧的盛宴

· 李燕杰演讲智慧 ·

审美意识是潜藏于人心底的,是衡量与评论万事万物的精神尺度。

通过语言艺术或其他艺术形式描绘与塑造人类灵魂的专家们,如果不能为人们的生活增添一点美,那么劳动价值又在哪里呢?

人都是美的追求者、美的创造者。同时人们要把什么是真善美告诉自己的学生和后代,把美传播到人们的心灵深处。

卓越的人生是多姿多彩的、多情多智的,会使贫瘠变得肥沃,使粗俗变得高雅,会使物化的创造力和精神的创造力互相结合、互相辉映。我们要养成一种爱美的习惯,但必须是时代的美、实质的美,即高格调的美。有了这种美,可以使你持久地欣慰,可以使你长久地感到自豪,可以使你的生活变得像彩虹一般美好。

真善美本来就是一个有机的整体,如果说真是本质,那么善就是内涵,而美则是真与善的外在表现。人的一生要追求至真、至善、至美。真,真实、科学,真实是人生的命脉,是一切价值的根基。世界上的一切,没有比真实、真诚、真切更可贵、更可爱的了。善,善良、道德,善是讲人的内心、人的自律,善就是凭良心做事。美,美好、美丽、审美,美像真理一样,最朴实、最有光辉、最有魅力,美的事物给人以永恒的喜悦。十全十美是上天的尺度,而努力实现十全十美这个愿望,则是人类的尺度。

沐浴在真理的阳光下,沉浸在青年的海洋中,吞吐自由欢乐的空气,是李燕杰保持青春活力的秘诀。科学,应当感谢,它是理智的诗。艺术,应当感谢,它是感情的诗。两者结合,给人以多方面的启示。

· 李燕杰演讲经历 ·

2010 年 8 月,李燕杰在北京大学百年讲堂做了一场题为

《国粹·智慧·魅力》的演讲。开场他就讲："听本人的演讲是美的享受；我给各位的不仅是知识，还能增进你的智慧……"

李燕杰在各地演讲，一上台，大家都会有不同的感觉，李燕杰跟谁也不一样，为什么？因为演讲是艺术，艺术不能复制，而且李燕杰昨天讲的跟今天讲的，上午讲的跟下午讲的完全不一样。

不管李燕杰走到哪里，都有一个信念，上台以后不能耽误大家的时间，要让大家感到听他的报告是美的享受。李燕杰特别强调，演讲不仅是美的享受，而且得到的也不仅仅是知识，而是智慧，应该是大智慧，否则就是在浪费青春。

什么样的演讲能影响到大家？很简单：文中有戏，戏中有文，识文者看文，不识文者看戏；音里藏调，调里藏音，懂调的听调，不懂调的听音。什么意思？一言以蔽之：行家看门道，外行看热闹。

演讲比看戏有趣，比听相声有意思，演讲中还传播真善美，给人大智慧，这样怎能不受听众喜爱呢！

美是一切艺术的特性和本质，演讲也应不断地追求美、创造美、展示美，用美来感染人、陶冶人、震撼人、征服人。

成杰演讲心法

我们演讲界的人,既然已经献身于演讲这个伟大的事业,就决不后悔。在这个世界上赚钱的行业有很多种,但是没有任何行业像教育培训业一样具有帮助别人改变命运的意义!为什么?因为这是一桩关系到祖国命运、人类前途的大事。在前进的路上,虽然会遇到各种困难,但这又算得了什么呢?如有力量,战胜它就是了;如没力量,就被打败了,自认倒霉,但我坚信从事正义的事业所向无敌。

以前,在报纸上看到这样几句诗,很受鼓舞——

即使命运从不发芽,

我不惋惜千百次播种;

即使花朵结不成果实,

我不遗憾千百次凋零。

信念告诉我的人生:

没有比脚再长的道路,

没有比人更高的山峰。

……

在我们的社会里,确有许多不尽如人意之处,但我认为作为一个中国人,应做社会和国家的主人。我不主张一些人上台以后,不问青红皂白乱甩"手榴弹",胡乱攻击别人,弄不好,炸不了敌人,反而炸伤了自家人,这是不可取的。

我作为一名教育培训界的讲师，对社会上假恶丑现象多有愤世嫉俗的情绪，但我觉得即使有些忧患与愤世情绪，也绝不能悲观、厌世，更不能轻薄、玩世。我主张在教学、演讲乃至处世中要多释放一些热气，少释放一些冷气，我们在演讲中尽力引导青年改掉不足，拥抱社会，以天下为己任。

教育的目的是为了弘扬美，因此教育艺术家要善于发现美，弘扬美，用美的方式塑造美的心灵，培植美的才华。

雕塑之所以壮美，是因为雕塑家削掉了那些不壮美的部分。

教育艺术家要想培养出完美的人，就是要帮人们削掉那些不完美的部分。

教育艺术家是心灵的建筑师，他们的价值在于告诉人们："命运的建筑师不是他人，而是自己。"有作为的人，要善于选择自己的"水泥"与"钢材"，建筑命运的大厦。

教育艺术家心中应有爱的火种，才能燃起美和爱的火焰。人生在世，自己的理想越符合时代的需要，就越有意义；越符合人民的要求，就越有价值。个人理想与时代需要交合越多，就越有益；个人抱负与人民意志越吻合，就越能提高自己生存的价值。

演讲是艺术不是技术

· 李燕杰演讲智慧 ·

如果说教育是一门艺术,那么,演讲就是艺术中的艺术,是花中之花。花不能没有颜色,鸟不能没有翅膀,教育家的语言不能没有美感。

任何艺术都需要创造,同时也需要借鉴,甚至要采取"拿来主义"。

演讲家不是诗人,但他应该有诗人的气质,要成为时代的号角、报春的使者。

演讲中的笑料,是美化语言、活跃气氛的一种手段。

笑中,使人思考;笑后,使人感悟。

表情是演讲人的真情流露。面无表情的演讲者会在自己与听众间建起一条无形的鸿沟。

一个演讲家在平时的生活中要善于剔除心中的冰炭，增益胸中的温暖。心中少冰炭，必须多温暖，有了温暖，春风自然荡漾，温暖宜人。

演讲是创作、是艺术，创作与艺术都需要有风格。

一个演讲家的演讲风格是他人格与灵魂的外化。

人格低劣的人，在演讲中是不可能有高品位的。

演讲家应该是永葆青春活力的人，是具有内蕴之力的人，是能够通过惊人的爆发力，把自己内心积蓄的热量散发出来的人。

演讲有它的审美体系，有它的审美结构，有它的审美功能，是一个既具有强烈美学价值，又具有强烈美学作用的完整新学科。

在李燕杰看来，演讲这门艺术，只有充分调动各种艺术手段，才能使演讲的美学价值得到最大限度的实现。于是他对演讲进行了创造性的总结：演讲，具有诗朗诵般的激情、相声般的幽默、小说般的人物形象、戏剧般的矛盾冲突。

著名诗人贺敬之说："**李燕杰给语言插上了翅膀，飞到了青年的身上。**"李燕杰说："那是对我的褒奖，如果说我的演讲还有魅力的话，那是我让躺着的文字站了起来。"

李燕杰在台上的每一句话、每一个手势，都显示着他内心那种坚不可摧的力量。在这个广泛交流的时代，演讲界鱼龙混杂，虽然有追求至真、至善、至美的有才之士，但也有很多沽名钓誉，借助演讲欺骗听众、玷污演讲的人。李燕杰观察，即使是好的演讲者，也分为如下几等：

最低档，器械式或工具式，如鹦鹉学舌。

贸易式，借助演讲推销产品，甚至推销劣质品，纯粹愚弄群众，目的是为了赚钱。

说教式，居高临下，夸夸其谈，张嘴万言，言不及义。

这几档均属低的境界。

今天应该追求更高的境界：

导师式，人类社会需要正确引导，人的灵魂需要塑造，因此，我希望献身于演讲事业的人成为导师。

圣哲式，在人类历史上，借助演讲对人类影响巨大的，往往是一些圣哲，特别是在大变革时代，都会出现一批圣人、贤人、哲人。第一个圣人的老师，不是圣人，第一个教授的老师，也并非教授。圣哲需要培养之、灌溉之、滋润之，方可发芽、开花结果，培则生之，育则长之。

如苏格拉底、柏拉图、亚里士多德、释迦牟尼、老子、孔子、庄子、孟子、荀子……他们都是时代哺育出来的圣哲，既是思想的圣人，也是演讲的高人。

高山仰止，景行行止，虽不能至，然心向往之。天不生圣人，天不生伟人，而圣人伟人不绝于世，乃人类所需也。今天年轻的演讲家取法乎上,得乎其中,取法乎中,得乎其下,希望年轻的演讲家向高标准看齐。

· 李燕杰演讲经历 ·

1982年,李燕杰在上海文化广场连续做了六场题为《德才学识与真善美》的演讲,上海报纸为这次演讲使用的评语是——盛况空前。

1.5万人的广场,场场爆满;1.5万个座位,实际到达的人数超过1.8万人,台阶上全是人,席地而坐的达上千人,很多人都是自带砖头当座椅。一般会场的活动是开头的时候坐得满满的,越往后人越少,而李燕杰演讲的时候是人越聚越多。

等到李燕杰演讲结束,听众一哄而上,抢着上台签名,把台上的录音机都弄到地上去了。那时候,李燕杰每天会收到许多来信,其中的一封信是祖孙三代人在灯下共同完成的,一人写了一段,很感人。

一天一场,非常辛苦。讲到第5场的时候,市委的领导让李燕杰休息,李燕杰不肯,到了第6天就强制带他到南翔休息。结果车开到了南翔,好多农民朋友就把车给围住了:"你们城里人能听,我们为什么不能听呢?"李燕杰很感动,马上又加讲了一场。

有一次在上海演讲,演讲结束在虹桥机场候机时,机场领导看到了李燕杰的机票就说:"李燕杰来了,扣下他,请他推迟一班飞行,让他给我们也讲一场。"李燕杰讲了4个小时,原本2点的飞机,拖到了6点。

李燕杰演讲过后,上海人民出版社便把李燕杰早期6份经典的演讲稿汇编成《塑造美的心灵》一书,非常畅销。

成杰演讲心法

演讲家要善于发现美,弘扬美!用美的方式,塑造美的心灵,培植美的才华,让世界充满美。

真善美的演讲最能打动听众!

好的演讲,一定要能让台下的听众听得进去,这就要求演讲者必须带给人美的享受,也就是说,演讲要充满语言艺术。作家用文字写出作品来,让它躺在纸上供读者阅读,而演讲家必须让躺在纸上的文字站起来,走向听众。

演讲能改变命运

· 李燕杰演讲智慧 ·

没有什么比生命本身更重要，也没有什么比挽救一个生命更有意义。解救人的肉体固然十分重要，然而解救人的灵魂更为重要。

李燕杰说："诗人，时时刻刻在捕捉灵魂；教师，日日夜夜在塑造灵魂；演讲家，既有诗人的热情，又有教师的辛勤，一生都在唤醒灵魂。"

他主张：

以教者的思维唤起学生的思维；

以教者的感情唤起学生的感情；

以教者的兴趣唤起学生的兴趣；

以教者的审美情感唤起学生的审美情感；

以教者的所爱唤起学生的所爱；

以教者的所知唤起学生的求知。

火，是需要点燃的，演讲者的责任就在于，用自己心中的火去燃起听众心中的火。火把是美丽的，它散发着灼人的热力，它燃烧着道德与智慧。愿大家都做支火把，让生命的火焰熊熊燃烧，赶走失望者与不幸者的苦闷与孤寂。

李燕杰从小就立志要当一支燃烧的火把，用智慧为他人驱散阴霾和黑暗，于是他广纳人类优秀文明成果，再用演讲的形式将它们传播给青年。

在一些思想教育工作者对青年失去信心，并指责他们是"歪瓜裂枣""烂酸梨"时，李燕杰却不顾世俗的眼光提出了青年是我师，我是青年友；学生是我师，我是学生友的论点。

教育是铸魂育才的系统工程。一个真正钟情于教育事业的人，就要不断追求教育艺术，追求"清风能感水能化，修竹有情兰有怀"的教育境界。

善助人者固其本，善理疾者绝其源。

教育工作者，要善于从本与源上做文章、求学问。高明的教育工作者，既要追本溯源，还要善于引导犯错误者重返正路。

教育艺术如一团火，在人的灵魂深处燃烧、发光、发热。

把火分为光和热，绝不能只重光，不重热；更不能只重光的照耀，而忘记热的辐射。

光，抖动着、跳跃着、闪烁着，但不等于火的全部。

教育艺术，不仅满足人的观赏需求，还应给人带来热量。

李燕杰带着这种境界，给青年们讲德才识学、真善美，讲爱国主义和民族大义，引导青年追求真善美，他主张亚里士多德的"吾爱吾师，吾尤爱真理"。李燕杰的演讲具有强大的吸引力，他真诚的演讲赢得了青年的心，得到了青年的热爱与信任。

在人类社会中，那些著名的大演讲家，都被誉为人类铸魂之师。正确的演讲能起到净化灵魂的作用，起到启迪心智的作用。李燕杰用铸魂育德的演讲，将至真至善至美注入人们的心田，净化灵魂、启迪心灵，是真正的铸魂大师。

李燕杰是带来青年心灵之火的普罗米修斯；也是用道德和智慧照亮青年心灵的一支熊熊燃烧的火把；还是辛勤酿蜜，将真善美的蜜汁输入青年心中的蜜蜂。

· 李燕杰演讲经历 ·

有人收弟子老是审查，只选好的，不要差的，这是李燕杰最反感的。他的观念是，弟子就是学生，就应该有教无类。

有一次李燕杰给鞍钢集团公司做报告，讲完以后，鞍山的领导人要请他吃饭，李燕杰和其他人就在一间会议室里等，突然闯进来一个女的，拿着笔记本，要李燕杰签名，却被秘书给挡住了。

李燕杰忙问怎么回事。秘书说："这人是失足女青年！"

李燕杰说："越是这种人，我越应该给她签。"第二年，李燕杰又到鞍山。有一天早晨6点多钟李燕杰就听见门铃响，打开门看见了上次那位女士拉着一位男士，并对他说："李教授，我再请你给我签个名，这是我丈夫。"

人生路上，怎能没有坎坷？我们要告诉青年朋友，做生活的强者，敢于和命运挑战，这是教育艺术中永恒的课题。

"石可破也，不可夺其坚；丹可磨也，不可夺其赤。"以此来告诫青年，无疑是有益的。引导人们勇于战胜困难，是教育艺术家神圣的职责和使命。

在曲折的人生道路上，我们要善于告诉青年朋友看到前路的光明；在光明的进程中，告诉青年朋友想到前路的曲折。当一个人能在光明、曲折之间做到驾轻就熟、游刃有余时，这个人才算成熟，我们的教育艺术与方法才算奏效了。

最聪明的人，也瞧不见自己的脊背。因此，教育艺术家应当告诉学生，要知道自己永远有不能直接看到的东西。

当一个人认识到自己能看到的东西，又能理解那些看不到的方面时，才能少些偏颇，多些智慧；少些形而上学，多些唯物辩证法。

生与死、血与火的教训，告诉我们要善于引导年轻人不做唯命是从、随波逐流之人，引导青年成为慎思、明辨、笃行的仁人义士。如不慎思，则容易盲动；如不明辨，则容易误入歧途。

在教育青年的过程中，李燕杰对青年提出了要求和希望。他将对青年的要求归纳为"六个本"：**正直是做人之本，爱国是理想之本，勤奋是成功之本，坚贞是爱情之本，改革是前进之本，团结是胜利之本**。

在演讲《献给年轻的大学毕业生》时，他给刚刚迈进大学校门的学生提出建议，要求他们在知识、智力、素质、觉悟、行动、创新、慎独等方面去努力和提升。他对刚刚踏入社会的青年也做了指引，他认为青年首先要做的就是：找到自己的坐标，追求真善美，形成精气神，继而搞好事业。他鼓励遭遇挫折的青年说："**挫折磨难是青年人前进的催化剂**。"可以说，李燕杰将教育、育人与演讲三者进行了完美结合。

成杰演讲心法

要想受到别人尊重，要想得到社会的重视，要想得到别人的厚爱，那么，首先要尊重别人，重视别人，厚爱别人。同时，要用自己的言行证明自己值得别人尊重、重视、厚爱，除此别无他法。

演讲家又是教育艺术家，作为教育艺术家，他们用美好的事物去吸引人，用美的心灵去感化人，给人创造一个美的气氛，使人从中得到陶冶。如果使受教育者时刻能感到受教育是一种美的享受，如沐浴在春风细雨之中，在心灵上感到一种愉悦、满足，从而得到振奋，这种教育才有吸引力，这样的演讲才是成功的。

不是锤的打击，而是水的载歌载舞，使鹅卵石臻于完美。

教育艺术是在动态结构中发展的，它要经受各种风吹雨打、各种磨炼。教育艺术家视此为载歌载舞的享受，这种使鹅卵石臻于完美的过程，是一种创作，也是一种享受。

唤起听众心中的爱国之情

· 李燕杰演讲智慧 ·

祖国是神圣的，爱国主义就是对祖国的热爱，就是千百年巩固起来的对自己祖国的一种最深厚的感情。这种热爱和感情深深地根植在人民的心里，成为道义上的一种巨大力量。翻开世界史，有哪个国家的人民不主张爱国？又有哪个国家的人民不把爱国精神看作是一种伟大而崇高的心灵美呢？

李燕杰认为，我们不要光看社会上的个别现象，我们的民族是个含蓄的民族，内心蕴藏着巨大的力量。"我不是说中国人都不应该出国，不应该留学，而是我们不要忘记自己是中国人！"

演讲的一个作用就是要教育青年热爱自己的国家，当然现在我们不需要刻意去谈爱国，但也不要做鲁迅笔下麻木的中国人。爱国要达到这样的境界：从来不会想起，永远不会忘记。

· 李燕杰演讲经历 ·

有一次，李燕杰在日本演讲，演讲结束后，一位日本教授向李燕杰提问。那位日本教授用中文说："尊敬的李教授，你讲的中华民族优秀的传统文化固然很重要，你们今天之所以有这个成果是因为你们中国懂得了向美国学习、向西方学习，懂得时间就是金钱。"

李燕杰一听就不高兴了。虽然当时他已经70多岁了，但老年人的优点没增长，年轻人的火气倒是不小。李燕杰说："错了，错了！"他拿起笔来，写了几个字，第一个是"贸"，他说："这个字你懂不懂？贸者卯也，上面的卯字是指时间，是早晨5点到7点；下面是宝贝的贝，是金钱概念，是美元、日元、人民币。我们的祖先在3000年前就创造了贸字，告诉你早晨5点到7点，早早拿着美元、日元、人民币到市场上去交换，难道不是告诉你时间就是金钱吗？"日本教授听了后就开始鼓掌。

李燕杰又写了一个"商"字，说："商者旁也，旁观者清也。这边生产者，这边消费者，下面八张口，用八张口游说，最后发财。"日本教授又鼓掌了。第二次鼓完掌以后，李燕杰又写了第三个字"财"，他说："财产的'财'，不是只有我们共产党才懂辩证法，我们祖先早就懂了。左边宝贝的贝是不是金钱？右边才能的才是不是才学？意思就是有才学、才华才能发财，发了财以后再像你们一样读MBA、EMBA，还可以发更大的财。"日本朋友又开始鼓掌。

李燕杰又拿起笔写了一个"人"字，他说："在地球村许许多多的国家中，我发现英文、法文、德文、俄文中的人字有躺着的、横着的、斜着的，只有中国汉语的人字是站着的。一左一右，一男一女，一撇一捺；互相关心、互相爱护、互相帮助；头顶青天，脚踩大地，我是中国人。"日本教授又鼓掌。

有人问过李燕杰："目前社会上矛盾多、问题多，有些地区麻烦事多，一些政工干部都感到手足无措。在这种气氛中，演讲是否容易？"

李燕杰回答："您说目前社会上矛盾多、问题多。请问在人类社会，在哪个时代没有矛盾、没有问题呢？目前虽有些问题，也不可怕，况且演讲家应是报春的使者，为了迎接春天的到来，就要勇于战胜严寒，更何况如今并非寒冬。社会上虽有问题，但并非没有解决的办法。"李燕杰认为目前不是英雄无用武之地的时代，所以一再强调演讲家要知难而进。

我们常听人讲，穷而后工，困难出诗人，矛盾出哲人。太平盛世产生不了深刻的哲学，像文学艺术一样，哲学需要矛盾、苦闷和变动的时代作为它繁荣昌盛的土壤。因此，李燕杰认为，社会上有些矛盾对演讲家来说也是一种促进，至少可以促使我们多想一些问题，多回答一些听众的问题，对人类社会多做一些贡献。

诗是天地自然之音，哲学是天地自然之音，演讲也是天地自然之音！

正因如此，再大的困难，演讲者都必须挺身而出，知难而进，而不是知难而退。如果自己不影响别人，那就只能让别人影响自己。

成杰演讲心法

肖邦 19 岁那年从音乐学院毕业，毕业后到维也纳举行过两场演奏会，第二年春天又在华沙举办演奏会，都获得了极大的成功，老师和同学都劝他到国外深造。当时的波兰正遭受沙俄统治者的蹂躏与侵略，他虽然热爱祖国、想留在祖国，但现实环境会让他的艺术才能窒息，所以他接受了师友们的建议，于 1830 年出国。

在出国前的告别宴会上，朋友送给他一个银瓶，银瓶中装满了波兰土地的泥土。他出国不久，听说国内发生了反对沙俄统治的武装起义。他马上回国，但在回国的路上听说起义被沙俄政府镇压了，他只好取消回国的念头。就这样，他在国外颠沛流离19年，这瓶祖国的泥土也一直陪伴了他19年。

1849年，肖邦在巴黎一病不起，在生命垂危的时候，妹妹柳德维卡来探望他。他说："我在人世不会太久了，在我去世以后，波兰反动政府是不允许我的遗体被运回波兰的，但我希望至少能把我的心脏带回祖国……"肖邦辞世后，在安葬遗体的时候，朋友们遵照肖邦的遗愿，在墓穴里撒下了伴随他多年的银瓶中的祖国泥土，并把他的心脏带回波兰，保存在圣十字大教堂里。

历史上，真正成就大事业的人都是把祖国的命运与自己的命运紧密联系在一起的。在他们的心里始终跳动着一颗追求至真、至善、至美的爱国之心。

一个中国人，如无爱国之心、报国之志，怎能算得上炎黄子孙？

一个中国人，如无强国之才、建国之行、卫国之勇，怎能对得起我们的祖先与子孙？

爱国的高风亮节是炎黄子孙的传统美德，是中华民族向前发展的推动力量。一个人要有爱国之心、革命之志、献身之德、自信之力、创造之欲、竞争之能、远见之明、广博之学、团结之诚、赤子之情、求实之风、生活之趣，才能形成一种美的力度。

弘扬真善美，抨击假恶丑

· 李燕杰演讲智慧 ·

人生最美好的是在生前，用灵魂、心血、情感、声音、语言去塑造一颗颗美好的心，并让它在人民中延伸。

善与恶，美与丑，在不同的时代，虽然有着不尽相同的含义与标准，但是要善不要恶，要美不要丑，趋善与向美是人的本性。

爱因斯坦说："有些理想曾为我们引过道路，并不断给我新的勇气以欣然面对人生。那些理想就是真善美。"

演讲有各种形式与目的，李燕杰所从事的演讲是要面对成千上万的听众进行教育艺术的演讲，目的在于宣传、弘扬真善美,抨击假恶丑。

教育艺术家的作用不在于无可争辩地解决人们提出的所有问题,而在于通过艺术的感染,促使人们在永无穷尽的艺术形式中热爱祖国、热爱人民、热爱生活、热爱事业。

一个人活在世界上,重要的不在于活了多久,而在于在有限的生命中,是否为人们献上了一颗赤子之心,通过自己的辛勤劳动把幸福与美好的东西献给他人。

如果人们不仅能够执着地追求美,还能够敏锐地发现美,自觉地创造美,那么,不仅我们自己会变得更加完美,我们的社会、我们周围的一切,也会变得更加美好。

· 李燕杰演讲经历 ·

有人问李燕杰:"您演讲的时候敢于抨击那些错误和歪风邪气,您有没有考虑到现场的听众,也许有些人就有这些问题,您不怕吗?"

李燕杰回答:"这种事情常有,比如有一次我就抨击有些人占房子多,结果大家都回头看某位领导。这个我确实是不知道的。有个领导吃饭不给钱,一朋友就向我讲述了这件事,大会上我就说了出来,结果没想到那领导在座。后来新华社的朋友曾问我,燕杰老师,是不是您知道他在那里坐着。我说我还真不知道。类似这样的事情还挺多。"

但是李燕杰并不怕,怎么就不怕了呢?首先,李燕杰没有"乌纱帽"问题,他也没有考虑到金钱、名利的问题,所以可以说无所畏惧。

有人问李燕杰不怕得罪人吗?李燕杰跟他说:就向和尚、尼姑学习,把头发剃得光光的,想抓小辫,没门,就是这个道理。

李燕杰坚持原则不僵化,坚持改革开放不搞自由化,正面宣传教育不简单化。任何事情两分法,而且对坏人、敌人,往往也给他点出路。

最后,李燕杰考虑到你做了坏事,会想办法引导你走正路。他讲的话既不得罪你,也不得罪你的亲属,当然他不会在台上点名,他也没有点过。

成杰演讲心法

教育艺术家教育别人,不是让人回报自己,而是让别人增长智慧,再去启迪更多的人,施惠于全人类。所谓教育的目的是为了不教育,是在循循善诱中让受教育者找到人生正路,并引导他们自觉地走正路。

**为天地立心，为生民立命，
为往圣继绝学，为万世开太平**

· 李燕杰演讲智慧 ·

只要你是教师，就必须视教育事业为生命。一个视教育事业为生命的人，绝不会知难而退，只会知难而进。

有些人原来觉得教育工作很光荣，干得很起劲；后来一看教育工作不好做，于是就拐了弯，转行做其他工作……道德是人类的第一智慧，孔子、庄子、孟子，哪个不讲做人？哪个不是在讲道德？

那些千古名篇之所以不朽，是因为它们达到了至真、至善、至美。那些艺术大师之所以能达到如此高度，是由于作家本人有其德、有其才、有其学、有其识。

一件艺术作品,只有做到了真,才有认识价值;只有做到了善,才有教育价值;只有做到了美,才有审美价值。一件艺术作品的真善美达到了统一,才能成为不朽之作,才能产生巨大的艺术魅力。

郭沫若曾说:"实则才、学、识三者,非仅做史、做诗缺一不可,即做任何艺术活动,任何建设事业,均缺一不可。"从整个文化史上观察,从来没有无德、无才、学薄、识浅之人能完成不朽的艺术作品。

同样的道理,一个青年要成为一个真善美的人,不仅要有外在的仪态美,而且要有内在的心灵美。心灵之美,必须有德,有才,有学,有识。

巴金老人曾说:"要交出生命是很容易的事情,但是困难却在如何使这生命像落红一样化作春泥,还可以培养花树,使来春再开出灿烂的花朵。"

这些年来,泰斗、圣哲纷纷离开人世,可是他们已经化作春泥更护花。

他们不仅是育花、护花人,还是铸魂之人、铸魂之师。他们有为人类献身的精神,有对人民的爱心,他们还有深邃的智慧,使之形成哲理启迪亿万人的心!

李燕杰曾在一次追悼会上这样说:"先哲的一生是高举真理火炬的一生。先哲们高举着生命的火炬,带领亿万人民行进在知识与智慧的大路上,起点虽已在身后,但终点仍在遥远的前方！安息吧，在各位先哲创造的伟业上，自有后来人，我们将继续把生命与真理的火炬高高举起，一代一代传下去。"

· 李燕杰演讲经历 ·

受其父影响，李燕杰从小就开始接触《易经》，之后《道德经》《三字经》《百家姓》《弟子规》都是信手拈来，但是李燕杰认为这些并不能与国学画等号，充其量只是国学里面的启蒙读物。

对于《中国文学史》《中国文化史》《中国图书史》，其中不仅涉及文学、史学、哲学，也涉及经济学、图书版本学。这些学问综合起来，应看到中国古代十分重视以下四种学问：

实学，实事求是，乃至务实求实。

和学，和合学，和谐、和美、和平。

中学，中庸之道，执乎其中。

美学，追求美，各美其美，美人之美，美美与共。

这些都可联系实际，古为今用。

另外，还可探讨这些学问如何给力，给什么力，李燕杰认为至少应当给以下的力：

○软实力：如忠孝节义、礼义廉耻。

○硬实力：如子贡、范蠡经商之道。

〇巧实力，如姜太公、鬼谷子、孙武、诸葛亮、刘伯温、曾国藩、胡雪岩的智谋。

〇格实力，如历代科学家之创新。

〇魅实力，如文学艺术作品的美学价值。

〇健实力，如医学古文中的养生之道，平衡之术。

明确了这六力，在古代文献中就可以得到营养，在生活中我们就可以通过相关作品，有针对性地给力，自己要懂得从中取力。

成杰演讲心法

有道是：为天地立心，为生民立命，为往圣继绝学，为万世开太平。演讲家就是要以自己的力量，清理文化，梳理哲思，传播文化，传递真理。以我们自己的力量为社会培育英才，为国家添能加油。

一群人，一辈子，一件事，巨海教育培训；帮助人，影响人，成就人，利益天下苍生。

成 杰

巨海集团董事长
中国培训委员会副会长
上海巨海成杰公益基金会创始人
企业家、演说家、慈善家、畅销书作家

一语定乾坤

纵横天下的商业大智慧 创千秋伟业的十大法门

讲话积极正面、向上向善，就是在 **传播正能量**

讲话消极负面、向下向恶，就是在 **扩散负能量**

一语定乾坤®

纵横天下的商业大智慧
创千秋伟业的十大法门

YI YU DING QIAN KUN

人类每一次进步，都离不开语言开路！

巨海官网：www.juhai101.cn　成杰官网：www.chengjie108.com

一语定乾坤® 四力合一

YI YU DING QIAN KUN

成杰老师 简介
巨海集团董事长
2015年青年川商领袖
中国培训委员会副会长
上海巨海成杰公益基金会创始人
四川禅心禅茶实业有限公司董事长

领袖力（能量）
领导人所有的问题都是能量的问题。
领导人的第一品质就是能量。
我是一切能量的来源。

影响力（境界）
如何做到一句话说服消费者？
如何做到一句话吸引顶尖人才？
如何做到一句话传播企业品牌？
如何做到一句话传递企业家精神？
如何做到一语惊四座，一语定乾坤？

经营企业所遇到的问题不是能力的问题，也并非方法的问题，而是企业家境界的问题。境界上去了，问题就没有了。

演讲力（语言）
五行演说系统
水—魂—感觉　演讲的灵魂是什么？
土—道—帮助　如何才能达到我演讲的目的？
金—法—法门　伟大的演讲家是如何产生的？
木—器—器具　好的演讲要运用什么工具和道具？
火—势—激情　伟大的演讲家生生不息的激情来自于哪里？

生命力（智慧）
生命的拥有在于时时感恩，生命的能量在于焦点利众。
生命的伟大在于心中有梦，生命的强大在于历经苦难。
生命的喜悦在于传道分享，生命的价值在于普度众生。
生命的绽放在于内在丰盛，生命的幸福在于用心经营。
生命的成长在于日日精进，生命的蜕变在于真正决定。

五行系统

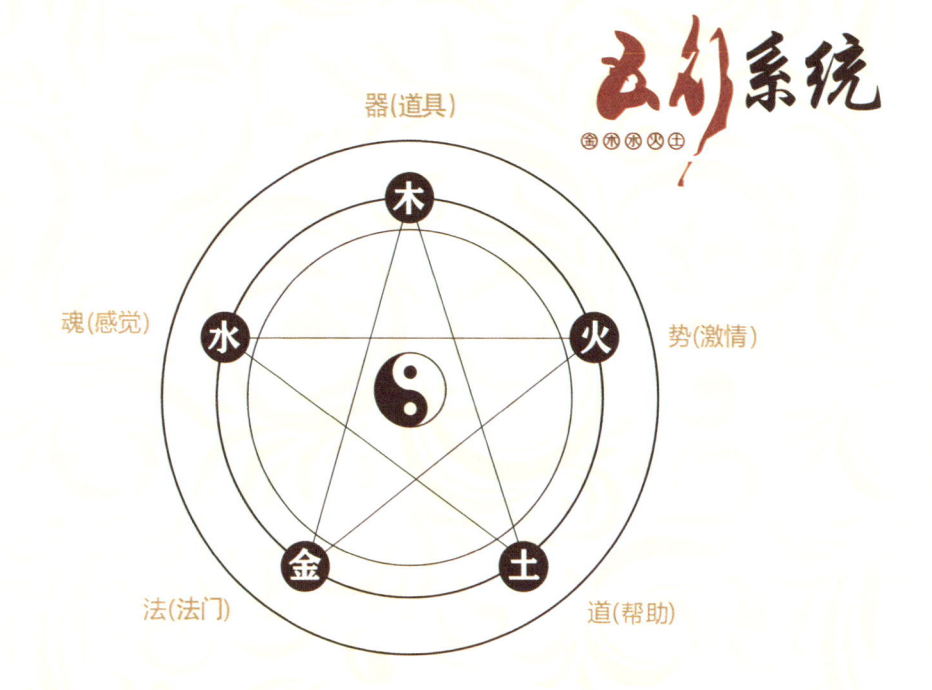

器(道具)

木

魂(感觉) 水 火 势(激情)

金 土

法(法门) 道(帮助)

一语定乾坤·中国企业家的必修课

成杰老师在《一语定乾坤·总裁研讨会》现场